VERSION ORIGINALE 1

Méthode de français | Cahier d'exercices

Michaël Magne
Marie-Laure Lions-Olivieri

Sommaire

UNITÉ 1 — 5
1. **Salut.** Reconnaître des salutations
2. **Terminal B.** Comprendre des informations dans un lieu public
3. **Je m'appelle…** Les pronoms sujets – Le présent des verbes en -*er*
4. **Les pronoms en famille.** Les pronoms toniques
5. **Singulier, pluriel.** Les articles définis
6. **Les annonces.** Comprendre des chiffres
7. **Attention, message important !** Comprendre des chiffres
8. **Inscription à un cours.** Comprendre et compléter des formulaires simples
9. **Oups, la corbeille.** Comprendre un message – Remplir une note
10. **Qu'est-ce que c'est ?** Le lexique de la classe
11. **Escapade.** Chercher et comprendre une information culturelle
12. **Des outils pour la classe.** Poser des questions en classe
13. **L'alphabet.** Connaître l'alphabet français et le comparer avec une autre langue
14. **Le « O ».** Identifier et écrire le son [o]
15. **Le monde de la Francophonie.** Découvrir la Francophonie

UNITÉ 2 — 13
1. **Des plus et des moins.** Comprendre des chiffres
2. **Le compte est bon.** Comprendre et utiliser des chiffres
3. **La commande.** Comprendre des informations contenant des chiffres
4. **Paiement par chèque.** Écrire des sommes
5. **Jeu radio.** Comprendre des renseignements personnels
6. **L'examen de français.** Remplir un formulaire d'inscription
7. **Apprendre une langue.** Comprendre et compléter un texte – Les adjectifs de nationalité.
8. **Cuisines du monde.** Identifier l'origine de plats et écrire des adjectifs de nationalité
9. ***Être* ou *avoir* ?** Identifier l'emploi d'*être* ou *avoir*
10. ***Je suis* ou *j'ai*.** Compléter des textes courts avec *être* ou *avoir*
11. **Les nouvelles rencontres.** Formuler des questions pour obtenir des renseignements personnels
12. **Au travail.** Comprendre et utiliser le lexique des professions
13. **On se tutoie ?** Identifier et comprendre l'utilisation du tutoiement et du vouvoiement
14. **Que font-ils dans la vie ?** Les professions et leur traduction dans votre langue
15. **Quelques célébrités.** S'informer sur des célébrités francophones et présenter des célébrités que vous appréciez

UNITÉ 3 — 21
1. **Promotion touristique.** Comprendre des annonces et utiliser les articles définis et indéfinis
2. **Quartier étudiant.** Comprendre et compléter un texte avec des adjectifs
3. **Ville vieille et vieille ville.** Placer correctement des adjectifs dans un texte
4. **La place des objets.** Indiquer la place d'objets dans l'espace quotidien
5. **Où est Gustave le nain ?** Situer dans l'espace
6. **Qui va où ?** Comprendre des annonces et faire un choix
7. **Le village.** Comprendre la présentation d'un lieu
8. **Les sons [e] et [ə]** Identifier et discriminer les sons [e] et [ə]
9. **Singulier / Pluriel.** Identifier les formes au singulier et au pluriel
10. **Dans le quartier, il y a…** Identifier et situer les commerces et services de la ville
11. **En ville.** Le lexique des commerces, services et lieux de restauration
12. **Et dans votre langue ?** Traduire une présentation simple d'un quartier
13. **Poèmes en liberté.** Comprendre un texte poétique simple – Écrire et publier en ligne un texte poétique

UNITÉ 4 — 29
1. **Recherche correspondant.** Comprendre et donner des informations sur les goûts
2. **Le sondage.** Compléter un dialogue à l'aide d'adjectifs possessifs
3. **Le blog.** Compléter des légendes à l'aide d'adjectifs possessifs
4. **La famille Lambert.** Identifier le vocabulaire de la famille et présenter des membres de votre famille – Utiliser des adjectifs possessifs
5. **Que font Alex et Cathy ?** Identifier et présenter des activités quotidiennes et de loisirs
6. **Enquête.** Comprendre des informations sur les goûts
7. **Vos loisirs préférés.** Identifier et comprendre des informations sur les goûts – Exprimer vos goûts
8. **Décrivez-vous.** Comprendre des questions de description et se décrire
9. **Je ne comprends pas.** Comprendre des informations générales et identifier la négation
10. **Il aime un peu, beaucoup…** La traduction du verbe *aimer* dans votre langue
11. **Il est comment ?** Définir une personne ou un objet – Les formes d'adjectifs
12. **Jeu détente.** L'alphabet
13. **Recettes du monde.** Rechercher des informations sur des plats et compléter des fiches

Sommaire

UNITÉ 5   37

1. **Quelle heure est-il ?** Identifier l'heure qu'il est
2. **La France au quotidien.** Comprendre et compléter un texte sur les habitudes quotidiennes
3. **À voir… et à ne pas voir.** Compléter des informations horaires sur la programmation télévisée
4. **La salle de sport.** Comprendre des horaires et compléter des renseignements
5. **Juste une fois ?** Comprendre et donner des informations sur la fréquence
6. **Rendez-vous.** Comprendre des emplois du temps et donner un rendez-vous
7. **La réservation.** Comprendre des notes et des horaires de vol – Compléter un courriel
8. **La bonne heure.** Comprendre des horaires et donner l'heure officielle
9. **Combien de temps ?** Comprendre des réponses à une enquête sur les horaires
10. **Les Français… et vous ?** Réagir à des informations sur les habitudes des Français et les comparer aux vôtres
11. **Des étudiants parlent.** Comprendre et donner des informations sur les habitudes quotidiennes
12. **Les activités.** Le lexique des loisirs – Valeurs et traduction du verbe *jouer*
13. **Il est…** Comprendre des informations sur le caractère et les identifier à l'aide d'adjectifs
14. **Dessine-moi ta vie.** Parler et dessiner les moments importants du quotidien et les partager en ligne

UNITÉ 6   45

1. **Partir en week-end.** Élaborer le contenu d'un sac de voyage et d'une trousse de toilette
2. **Saint-Tropez.** Comprendre des informations sur une ville
3. **Quel temps fait-il ?** Comprendre et utiliser quelques expressions sur la météo – Connaître leur équivalent dans votre langue
4. ***Ce* ou *Le* ?** Compléter des mini-dialogues avec des articles ou des adjectifs démonstratifs
5. **Goûts et couleurs.** Lire un questionnaire et comprendre des informations sur les goûts et les couleurs
6. **La fête d'anniversaire.** Le lexique des vêtements – Les prépositions *à* et *en* pour décrire des vêtements
7. **Devinettes.** Comprendre et inventer des devinettes sur les vêtements
8. **Masculin ou féminin.** Comprendre et discriminer les formes des adjectifs
9. **Fiche de vente.** Comprendre un dialogue et compléter une fiche de vente – Exprimer ses goûts vestimentaires
10. **Mots fléchés.** Comprendre des définitions et compléter une grille de mots fléchés
11. **En savoir plus sur… Karl Lagerfeld.** Prendre des notes à partir d'une information audio et compléter une fiche descriptive
12. **Le vocabulaire de mes achats.** Comprendre et classer le lexique des vêtements
13. **Et dans votre langue ?** Comprendre et traduire des demandes d'informations – Les verbes *porter*, *mettre* et *faire*
14. **Partir en vacances.** Chercher des renseignements sur des destinations de vacances et choisir les vêtements à emporter

UNITÉ 7   53

1. **Les magasins.** Identifier des commerces et des lieux de restauration – Faire une liste de produits et de lieux où on les achète
2. **Famille d'accueil.** Remplir une fiche de renseignements sur les habitudes alimentaires
3. **La crêpe Suzette.** Comprendre l'histoire de la crêpe Suzette et compléter une fiche
4. **À la crêperie !** Comprendre une carte de restaurant et conseiller – Composer son propre menu
5. **Que choisir ?** Décrire et conseiller des plats de votre pays
6. **À table !** Identifier les objets de la table et en indiquer l'emploi
7. **Nouvelle cuisine.** Comprendre une note d'instructions et employer les pronoms COD
8. **La liste des courses.** Identifier les nasales [ɔ̃], [ɑ̃] et [ɛ̃]
9. **Les supermarchés.** Comprendre un texte informatif – Employer les articles définis et indéfinis
10. **Votre soirée.** Écrire un courriel simple – Exprimer des actions futures ou des intentions
11. **De devinettes en devinettes.** Comprendre et identifier des définitions
12. **Mon réseau de mots.** Constituer un réseau du lexique des aliments et des repas
13. **Et dans votre langue ?** Des phrases sur les aliments et l'expression d'actions futures
14. **Ma recette préférée.** Choisir une recette et la présenter en ligne – Commenter des recettes

UNITÉ 8   61

1. **Quel service ?** Comprendre des annonces de propositions de service – Écrire une annonce
2. **Avis de recherche.** Compléter des annonces à l'aide d'adjectifs
3. **Jouons avec les adverbes.** Remplir un questionnaire - Employer les adverbes de fréquence
4. **Moi, je…** Compléter un dialogue sur ce que vous faites et ce que vous aimez
5. **Flash infos.** Comprendre et identifier des informations d'actualité – Développer une information
6. **Construction.** Remplir un tableau de formes verbales (infinitif, participe passé et passé composé)
7. **Jean-Paul Gaultier, créateur de mode.** Comprendre et compléter une biographie – La conjugaison de verbes au passé composé
8. **Les étapes de la vie.** Raconter les étapes d'une vie – Employer des prépositions et des expressions temporelles
9. **Les liaisons.** Identifier l'emploi de la liaison entre pronom sujet et verbe
10. ***Savoir* ou *pouvoir*.** Identifier et discriminer l'emploi des verbes *savoir* et *pouvoir*
11. **Déjà ?** L'emploi de *pas encore*, *déjà* et *jamais*
12. **Les métiers.** Comprendre des profils de métiers et les identifier
13. **Sigles et acronymes.** Comprendre des sigles et des acronymes d'usage courant en France
14. **Et dans votre langue ?** Comparer les valeurs du passé composé dans votre langue – L'usage des auxiliaires au passé composé
15. **De bon cœur.** Chercher des renseignements sur les associations bénévoles en France – Présenter une association de votre ville/pays

ANNEXES   69

Culture
Transcriptions des enregistrements

Parlez-vous français ? | 1

1. SALUT !

A. Voici des situations différentes. Cochez la réponse qui convient le mieux.

1
- Bonjour Monsieur Chamack, comment allez-vous ?
  - ☐ ○ Bonjour. Très bien, merci. Et vous ?
  - ☐ ○ Salut, Monsieur Chamack. Moi, ça va. Et vous ?

2
- Salut ! Ça va ?
  - ☐ ○ Salut. Oui, ça va. Et toi ?
  - ☐ ○ Bonjour Monsieur.

3
- Bonjour Xavier, comment vas-tu ?
  - ☐ ○ Salut, bien. Et toi ?
  - ☐ ○ Bonjour Monsieur. Ça va bien, merci.

4
- Bonjour Madame ! Vous désirez ?
  - ☐ ○ Salut ! Une baguette, s'il vous plaît.
  - ☐ ○ Bonjour. Une baguette s'il vous plaît.

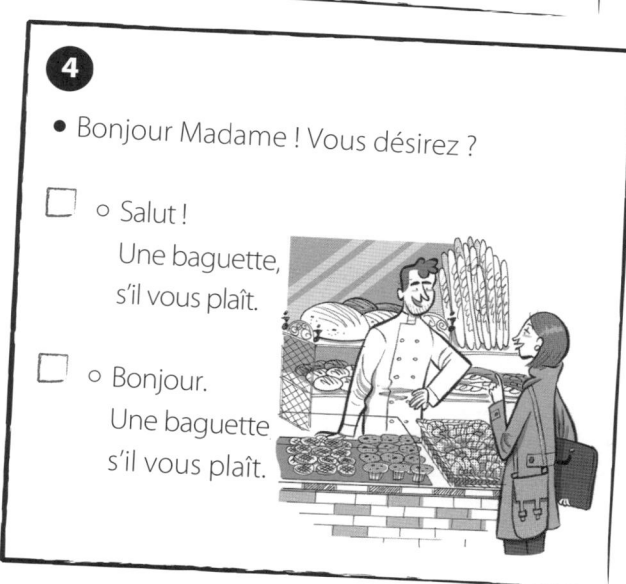

B. Et quand on se quitte après le cours de français, on peut dire…

Aux autres élèves •
Au professeur •

• Tchao
• Au revoir
• À plus
• À la prochaine

cinq | 5

1 | Activités

2. TERMINAL B

A. Vous arrivez en France… terminal B de l'aéroport. Vous voulez…

1. aller aux toilettes.
2. prendre un café et un croissant.
3. retirer de l'argent.
4. aller au centre-ville en bus.

Mettez les chiffres sur les icônes qui conviennent.

 B. Écoutez ces dialogues et reliez-les aux images.

3. JE M'APPELLE…

A. Entourez la forme correcte.

1. **(Je m')** / **tu t'**appelle Gaël.
2. **Vous vous** / **nous nous** appelez Cerise et Tom.
3. **Il s'** / **tu t'** appelles Erouan.
4. **Ils s'** / **elles s'**appellent Loryiane et Jeanne.
5. **Je m'** / **nous nous** appelons Djeneba et Enrique.
6. **Je** / **tu** parles avec Yves.
7. **Il** / **nous** parlons avec le prof.
8. **Elle** / **elles** parlent espagnol.
9. **Nous** / **vous** parlez très bien français.
10. **Tu** / **il** parle fort.

B. Complétez les fiches de conjugaison de **s'appeler** et de **parler**, puis entourez les formes qui ont la même prononciation.

S'appeler	
je m'	
tu t'	
il/elle s'	
nous nous	
vous vous	
ils/elles s'	

Parler	
je	
tu	
il/elle	
nous	
vous	
ils/elles	

4. LES PRONOMS EN FAMILLE

Entourez l'option correcte.

1. Il parle japonais, et **il** / **(lui)** ?
2. **Je** / **moi**, c'est Chris.
3. Nous, c'est Djeneba et Enrique, et **ils** / **eux** ?
4. Je m'appelle M. Brun, et **tu** / **vous** ?
5. Et **elles** / **eux**, c'est Loryiane et Jeanne ?
6. Salut, je m'appelle Sophie. Et **tu** / **toi** ?

5. SINGULIER, PLURIEL

A. Ces noms sont-ils masculins (♂) ou féminins (♀) ? Entourez la bonne réponse puis écrivez l'article correct : **le / la / l'**.

♂ ♀ .... classe   ♂ ♀ .... croissant   ♂ ♀ .... table
♂ ♀ .... eau   ♂ ♀ .... Français   ♂ ♀ .... Française

B. Mettez ces noms au pluriel.

Les classe ....   Les page ....   Les table ....

Les croissant .... Les Français ....   Les Française ....

BLOC-NOTES

L'article
Lorsque le nom commence par une voyelle, pas besoin de connaître le genre (masculin ♂ ou féminin ♀) il suffit de mettre ....

Le pluriel
En français, on forme en général le pluriel avec ....

1 | Activités

6. LES ANNONCES

A. Écoutez les annonces et indiquez à quelles images elles correspondent.

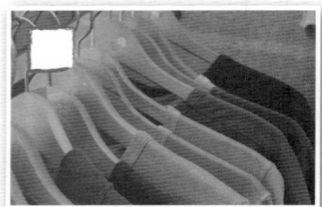   

B. Maintenant, réécoutez les annonces et complétez avec le numéro qui manque.

a) Je téléphone au n° ....

b) Votre train n° 6634 a .... minutes de retard.

c) Cette semaine, les résultats du loto sont : ....

d) Chez Tydar, ils font des réductions de .... sur tous les articles marqués.

7. ATTENTION, MESSAGE IMPORTANT !

Écoutez ces annonces et remplissez les fiches correspondantes ci-dessous.

❶

❷

❸

❹

Activités | 1

8. INSCRIPTION À UN COURS

A. Écoutez et remplissez les formulaires d'inscription pour un cours de français.

1
Nom :	....
Prénom :	Marco
Adresse :	.... rue de Savoie, Paris
N° de téléphone :	0 6 7 1 ..... 4 9 7 3
E-mail :	nobile..... @ gmail.com

2
Nom :	....
Prénom :	Lidia
Adresse :	.... rue de Metz, Paris
N° de téléphone :	0 1 .... 3 3 5 1
E-mail :	.... @ web.es

B. À votre tour, remplissez le formulaire d'inscription pour un cours de français.

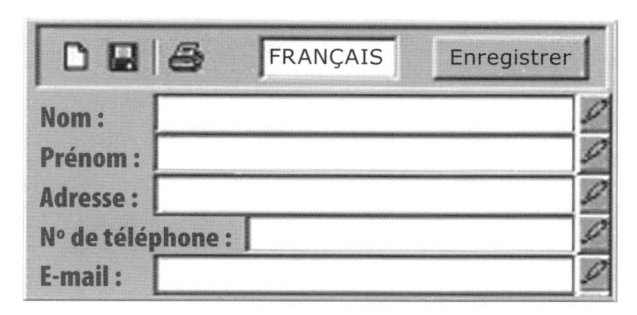

Nom :	
Prénom :	
Adresse :	
N° de téléphone :	
E-mail :	

9. OUPS, LA CORBEILLE…

A. Un secrétaire a déchiré et a jeté à la corbeille deux notes pour des inscriptions. Reconstituez les deux notes et mettez les éléments dans l'ordre pour former une phrase correcte.

- ☐ à 15 heures. Elle
- ☐ veut s'inscrire mais ne sait
- ☐ des renseignements sur
- ☐ Valeria Coppola a appelé
- ☐ Georg Reuter veut
- ☐ à 18 heures.
- ☐ le cours. Elle rappelle
- ☐ pas combien coûte
- ☐ l'atelier théâtre. Il faut
- ☐ le rappeler au numéro 06 20 30 31 30.

B. Complétez les fiches de réception de message.

EN VOTRE ABSENCE
M ....
a téléphoné ☐   rappellera ☐
est venu ☐   reviendra ☐
vous prie de le rappeler ☐
Message…

EN VOTRE ABSENCE
M ....
a téléphoné ☐   rappellera ☐
est venu ☐   reviendra ☐
vous prie de le rappeler ☐
Message…

1 | Activités

10. QU'EST-CE QUE C'EST ?
A. Reliez les noms aux objets concernés.

1. corbeille
2. chaise
3. stylo
4. marqueur
5. table
6. cahier
7. tableau

B. Regardez l'illustration et complétez ces phrases.

1. .... professeur a .... marqueur dans .... main.

2. .... élèves regardent .... tableau.

3. Il y a .... corbeille à côté du tableau.

11. ESCAPADE
Aidez-vous du texte du **Livre de l'élève** (p. 16), de vos connaissances et d'Internet. Reliez les phrases aux photos.

1. Bordeaux est célèbre pour…

2. Sète est célèbre pour…

3. Carcassonne est célèbre pour…

4. Toulouse est célèbre pour…

… son port.

… sa cité médiévale.

… ses vins.

… son industrie aéronautique.

Lexique et médiation | 1

12. DES OUTILS POUR LA CLASSE
Trouvez la question qui correspond à la situation.

Quand je ne sais pas ton nom.   Comment ça s'écrit ?

Quand je ne sais pas écrire un mot.   Comment dit-on… ?

Quand je ne sais pas dire un mot.   Vous pouvez répéter, s'il vous plaît ?

Quand je n'ai pas entendu.   Vous pouvez réexpliquer, s'il vous plaît ?

Quand je ne comprends pas.   Comment tu t'appelles ?

(flèche : Quand je ne sais pas ton nom. → Comment tu t'appelles ?)

13. L'ALPHABET
Comparez l'alphabet français (**Livre de l'élève**, p. 17) avec celui de votre langue.

1. L'alphabet français a : vingt-six lettres. Et dans votre alphabet ? ....

2. L'alphabet français a : six voyelles. Et dans votre alphabet ? ....

3. L'alphabet français a : vingt consonnes. Et dans votre alphabet ? ....

14. LE « O »
Piste 06

A. Ces mots sont dans l'unité 1 du **Livre de l'élève**. Écoutez-les et entourez ceux qui contiennent le son **/o/**.

douze   TROIS   CHAUD

                                                  croissant

euro   toi   eau

                                                  MÉTRO

louise   VIDÉO   numéro

B. Trouvez dans l'unité 1 du **Livre de l'élève** deux autres mots avec le son **/o/**, mais qui s'écrivent sans la lettre « **o** ».

....

1 | Connectez-vous !

15. LE MONDE DE LA FRANCOPHONIE

Sur le modèle des fiches proposées dans le **Livre de l'élève** (p. 21) et à l'aide d'Internet, complétez les fiches de quatre autres pays ou régions de la Francophonie. Choisissez un pays ou une région par continent (Amérique, Afrique, Asie et Europe).

....
Capitale : ....
Population : ....
Langues parlées : ....
Monnaie : ....
Plus grandes villes : ....

Fête nationale : ....
Spécialité : ....
Domaine Internet : ....

....
Capitale : ....
Population : ....
Langues parlées : ....
Monnaie : ....
Plus grandes villes : ....

Fête nationale : ....
Spécialité : ....
Domaine Internet : ....

....
Capitale : ....
Population : ....
Langues parlées : ....
Monnaie : ....
Plus grandes villes : ....

Fête nationale : ....
Spécialité : ....
Domaine Internet : ....

....
Capitale : ....
Population : ....
Langues parlées : ....
Monnaie : ....
Plus grandes villes : ....

Fête nationale : ....
Spécialité : ....
Domaine Internet : ....

LE MONDE DE LA FRANCOPHONIE
56 ÉTATS ET GOUVERNEMENTS MEMBRES DE L'OIF
14 OBSERVATEURS

Activités complémentaires en ligne sur versionoriginale.difusion.com

Elle s'appelle Laura | 2

1. DES PLUS ET DES MOINS

Piste 07

Notez le résultat des opérations que vous entendez.

1	4	7 ....
2	5	8 ....
3	6	9 ....

2. LE COMPTE EST BON

Piste 08

Écoutez le document et essayez de trouver le compte avec les chiffres donnés et les opérations +, -, ÷, x. Vous n'êtes pas obligés d'utiliser tous les chiffres.

① Nombre à trouver : 92

Chiffres : 5, 2, 4, 10

$5 + 4 = 9$
$9 \times 10 = 90$
$90 + 2 = 92$

② Nombre à trouver :

Chiffres :

③ Nombre à trouver :

Chiffres :

3. LA COMMANDE

Piste 09

Écoutez ces deux conversations et cochez la bonne réponse.

1. La cliente demande
☐ 34 livres.
☐ 45 livres.
☐ 47 livres.

2. Le restaurant Musset a besoin de
☐ 15 pains.
☐ 30 pains.
☐ 40 pains.

2 | Activités

4. PAIEMENT PAR CHÈQUE
Complétez ces chèques et écrivez le montant payé en lettres.

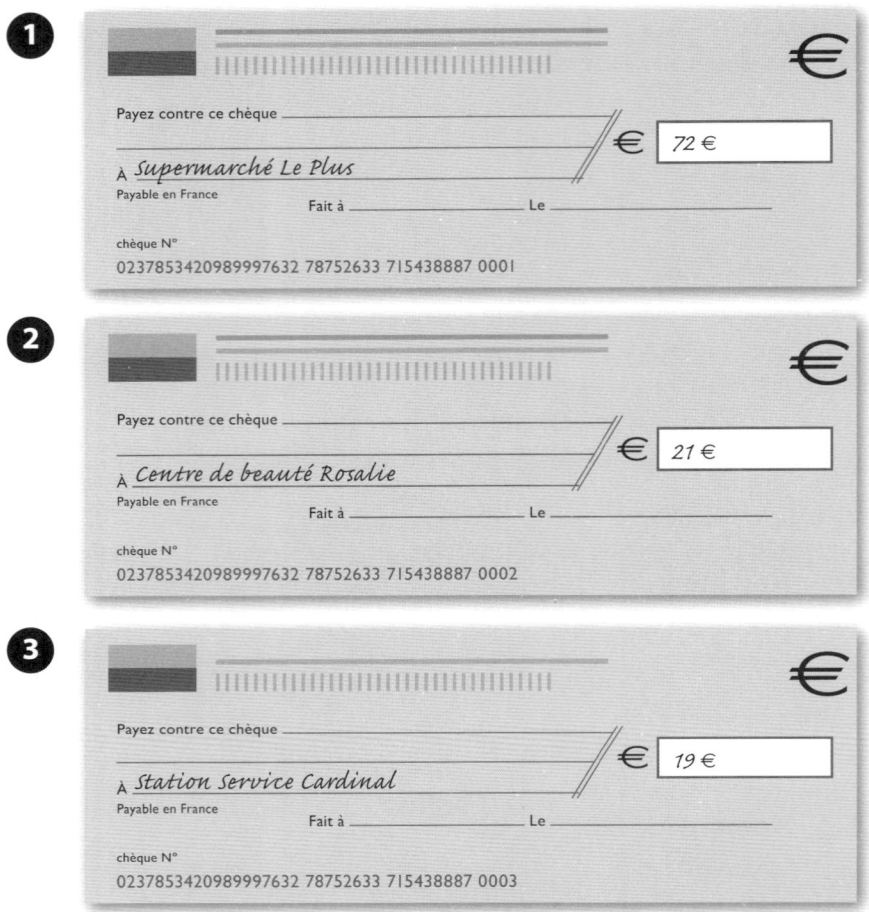

5. JEU RADIO
Écoutez cette émission de radio et complétez les fiches à l'aide des listes à votre disposition.

Piste 10

Prénoms masculins	Prénoms féminins	Profession	Âge
Gérard	Valérie	restaurateur	28
Yves	Stéphanie	retraité	35
Jean	Christiane	professeur	65
Serge	Sylvie	informaticien	57
Luc	Sylviane	manager	19
		étudiante	17
		guide touristique	

Prénom .... Âge ....
Profession ....

Prénom .... Âge ....
Profession ....

Prénom .... Âge ....
Profession ....

6. L'EXAMEN DE FRANÇAIS
Pour vous inscrire à l'examen de français, vous devez remplir le formulaire suivant.

Formulaire d'inscription à l'examen de français

☐ M.   ☐ Mme   ☐ Mlle

Nom : ....
Prénom : ....
Adresse : ....
Code postal : ....   Ville : ....   Pays : ....
N° tél. : ....   Courriel : ....

Date de naissance : ....   Ville de naissance : ....
Pays de naissance : ....   Nationalité : ....
Cochez ci-dessous le niveau choisi :

☐ A1   ☐ A2   ☐ B1   ☐ B2   ☐ C1   ☐ C2

Le .... à ....

Signature

---

7. APPRENDRE UNE LANGUE
Remplacez le pays par l'adjectif ou le nom qui correspond puis trouvez la dernière réponse en vous aidant de vos connaissances ou d'Internet.

La langue (Angleterre) .... est la première langue enseignée à l'école. Parler seulement (Angleterre) .... est bien mais parler deux langues, c'est mieux. Alors quelle langue ? En Europe, c'est la langue (Allemagne) .... la plus parlée. Mais les écoliers préfèrent les sonorités (France) ...., (Espagne) .... ou (Italie) .... Il est vrai que les langues (Espagne) .... et (France) .... sont présentes dans le monde entier. Donc apprendre le (France) .... et l'(Espagne) .... en même temps est idéal. Mais ne doit-on pas aussi apprendre la langue la plus parlée dans le monde, le .... ?

2 | Activités

8. CUISINES DU MONDE

A. C'est bien connu, la pizza est italienne ! Et les spécialités suivantes ?
Indiquez la nationalité de chaque spécialité.

1. La pizza est italienne ....
2. Le gaspacho est ....
3. Les crêpes sont ....
4. La moussaka est ....
5. La forêt noire est ....
6. La gaufre est ....
7. Le kebab est ....
8. La ratatouille est ....

B. À votre tour, proposez des plats et indiquez, sur le modèle précédent, de quel pays ils viennent.

....
....

9. ÊTRE OU AVOIR ?

Pour chaque dialogue, cochez la case du verbe que vous entendez.

	être	avoir
Dialogue 1	☐	☐
Dialogue 2	☐	☐
Dialogue 3	☐	☐
Dialogue 4	☐	☐
Dialogue 5	☐	☐
Dialogue 6	☐	☐

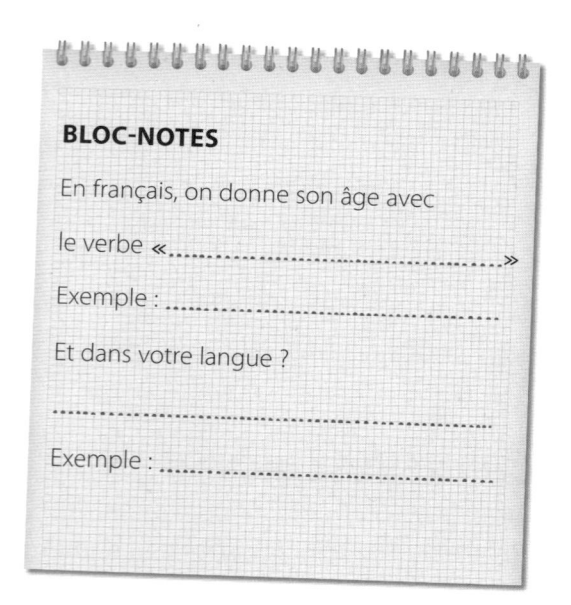

BLOC-NOTES

En français, on donne son âge avec le verbe « .... »

Exemple : ....

Et dans votre langue ?
....

Exemple : ....

10. JE SUIS OU J'AI ?

A. Complétez chacune des phrases avec **être** ou **avoir** conjugué à la personne correspondante.

1. Je .... étudiante à l'université de droit.
2. Tu .... quel âge ?
3. Quel .... ton numéro de téléphone ?
4. Anja et Hans .... allemands.
5. Tu .... de quelle nationalité ?
6. Nous .... un nouveau professeur.

B. Traduisez dans votre langue la phrase suivante.

J'ai 22 ans. ....

Activités | 2

11. LES NOUVELLES RENCONTRES

Sur un site de rencontres, vous entrez en contact avec une personne pour la première fois. Quelles questions posez-vous pour obtenir ces réponses ?

Rencontre

[16: 23: 09] ....
[16: 23: 11] Dominique
[16: 24: 30] ....
[16: 24: 46] 25
[16: 24: 51] ....
[16: 25: 13] belge
[16: 25: 24] ....
[16: 25: 42] dans le commerce
[16: 26: 03] ....
[16: 26: 18] Lima
[16: 26: 27] ....
[16: 26: 45] dom@versionoriginale.com

12. AU TRAVAIL

A. Le directeur et la réceptionniste d'un hôtel vérifient leurs listes de réservation. Associez les noms des métiers et les domaines.

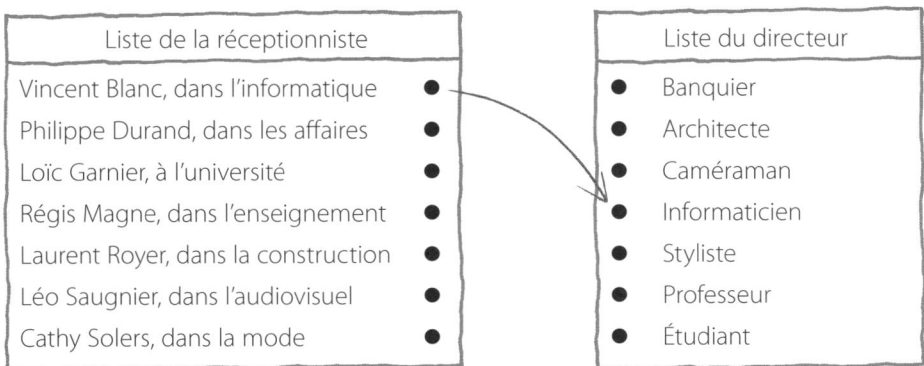

Liste de la réceptionniste	Liste du directeur
Vincent Blanc, dans l'informatique	Banquier
Philippe Durand, dans les affaires	Architecte
Loïc Garnier, à l'université	Caméraman
Régis Magne, dans l'enseignement	Informaticien
Laurent Royer, dans la construction	Styliste
Léo Saugnier, dans l'audiovisuel	Professeur
Cathy Solers, dans la mode	Étudiant

B. Complétez les phrases suivantes.

Vincent Blanc *est informaticien* ....

Philippe Durand ....

Loïc Garnier ....

Régis Magne ....

Laurent Royer ....

Léo Saugnier ....

Cathy Solers ....

2 | Activités

13. ON SE TUTOIE ?

A. À votre avis, dans les situations suivantes, devez-vous tutoyer ou vouvoyer la personne ? Associez une phrase de la deuxième colonne à chaque personne de la première colonne.

1. Un vendeur dans un magasin. ....
2. Un élève qui va en cours de français avec vous. ....
3. Une amie. ....
4. Une vieille dame dans le métro. ....
5. Un cousin. ....
6. Un fonctionnaire de votre âge. ....
7. Un enfant. ....
8. Une serveuse dans un restaurant. ....
9. Une personne de votre âge à qui vous demandez un renseignement dans la rue. ....

a. Excusez-moi, monsieur, pourriez-vous m'indiquer la poste, s'il vous plaît ?
b. Tu comprends bien quand le prof parle en français ?
c. Pardon monsieur, est-ce que vous avez la taille 42 ?
d. Vous voulez que je vous aide, madame ?
e. Un café et une limonade, s'il vous plaît.
f. Arrête de crier, tu vas réveiller ta petite sœur !
g. Tu veux venir avec moi, ce week-end ?
h. Grand-père va mieux, n'est-ce pas ?
i. Vous avez un formulaire pour la demande d'aide sociale ?

1	2	3	4	5	6	7	8	9

B. Préparez deux listes. Dans la première, vous écrirez le nom des personnes de votre entourage (familial, amical, professionnel, de voisinage) que vous devriez vouvoyer en français et, dans la deuxième, le nom des personnes de votre entourage que vous devriez tutoyer.

Lexique et médiation | 2

14. QUE FONT-ILS DANS LA VIE ?

A. Retrouvez 14 professions dans la grille ci-dessous. Vous pouvez vous aider d'un dictionnaire et d'Internet.

P	R	O	F	E	S	S	E	U	R
O	U	V	R	I	E	R	T	E	U
M	A	N	A	G	E	R	U	C	E
P	O	I	N	T	S	Z	D	O	I
I	P	I	L	O	T	E	I	N	N
E	M	P	L	O	Y	E	A	O	E
R	E	I	T	I	L	O	N	M	G
M	E	D	E	C	I	N	T	I	N
C	H	I	M	I	S	T	E	S	I
A	R	C	H	I	T	E	C	T	E
R	P	E	C	H	E	U	R	E	X

B. Classez par ordre alphabétique les professions de la grille ci-dessus et proposez une traduction pour chacune d'elles.

Professions

Traductions

C. Vous allez entendre trois documents sonores. En vous aidant des mots de la grille, retrouvez les professions d'après les descriptions. *(Piste 12)*

❶ ....
❷ ....
❸ ....
❹ ....

2 | Connectez-vous !

15. QUELQUES CÉLÉBRITÉS

A. À l'aide d'un moteur de recherche, complétez les fiches d'informations suivantes sur des célébrités francophones.

Marion Cotillard
Nationalité ....
Date de naissance ....
Lieu de naissance ....
Profession ....

Renaud Capuçon
Nationalité ....
Date de naissance ....
Lieu de naissance ....
Profession ....

Youssou N'Dour
Nationalité ....
Date de naissance ....
Lieu de naissance ....
Profession ....

Franck Ribéry
Nationalité ....
Date de naissance ....
Lieu de naissance ....
Profession ....

Amélie Nothomb
Nationalité ....
Date de naissance ....
Lieu de naissance ....
Profession ....

Benoît Poelvoorde
Nationalité ....
Date de naissance ....
Lieu de naissance ....
Profession ....

Yolande Moreau
Nationalité ....
Date de naissance ....
Lieu de naissance ....
Profession ....

B. À votre tour, remplissez les fiches de deux célébrités de votre pays ou que vous aimez plus particulièrement.

....
Nationalité ....
Date de naissance ....
Lieu de naissance ....
Profession ....

....
Nationalité ....
Date de naissance ....
Lieu de naissance ....
Profession ....

Activités complémentaires en ligne sur versionoriginale.difusion.com

Mon quartier est un monde | 3

1. PROMOTION TOURISTIQUE
Complétez ces annonces avec l'article qui convient.

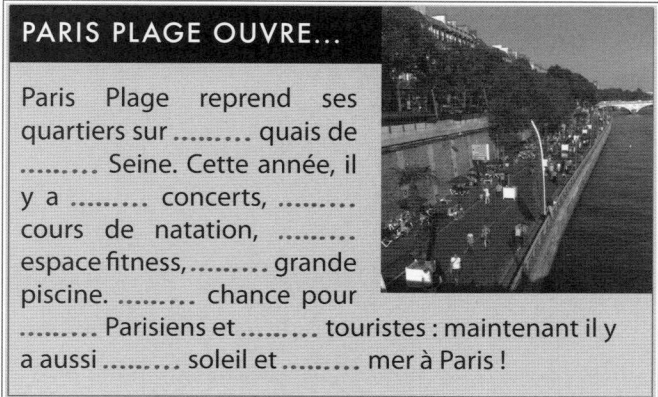

PARIS PLAGE OUVRE…

Paris Plage reprend ses quartiers sur .... quais de .... Seine. Cette année, il y a .... concerts, ... cours de natation, ... espace fitness, ... grande piscine. .... chance pour .... Parisiens et .... touristes : maintenant il y a aussi .... soleil et .... mer à Paris !

Venez visiter le quartier de la Huchette !

Promenez-vous dans .... rues piétonnes de la Huchette. .... quartier commence en bas du boulevard Saint-Germain et longe .... Seine. C'est .... quartier très agréable. On y trouve .... cafés et .... restaurants très différents. C'est .... quartier très fréquenté par .... touristes et .... meilleure période reste .... été.

2. QUARTIER ÉTUDIANT
Voici l'extrait d'une conversation entre deux étudiants. Complétez-la à l'aide de la liste d'adjectifs.

• Elle est grande, ta chambre ?

○ Non, c'est une .... chambre mais elle est très ensoleillée.

• Et tu aimes bien le quartier ?

○ Oui, c'est un quartier ...., avec beaucoup de restaurants. Et dans ma rue, il y a plein de bars. C'est vraiment une rue ....

• Et tu as des commerces de proximité ?

○ Oui, il y a une .... épicerie. Elle vend de tout et elle ferme très tard. C'est pratique. En plus de cette épicerie, il y a aussi une boulangerie, une boucherie… Tu vois, il y a de tout !

• Et tu n'es pas loin du Parc central, c'est un parc .... C'est bien, non ?

○ Il n'est pas très grand mais c'est parfait pour se promener et faire un peu de sport.

• Et comment tu fais pour te déplacer ? Tu prends le bus ou tu vas à la fac à vélo ?

○ J'ai un .... vélo mais il roule bien, c'est l'essentiel ! Et puis c'est pratique : il y a une piste cyclable entre mon quartier et l'université. Et s'il pleut, je prends le bus. Il y a beaucoup de lignes qui vont à l'université.

C'est vraiment un quartier ....

**agréable
grand(e)
petit(e)
très animé(e)
bien aménagé
bien desservi(e)
vieux/vieille**

vingt et un | 21

3 | Activités

3. VILLE VIEILLE ET VIEILLE VILLE

Un ami vous demande de corriger un courriel qu'il veut envoyer sur un site d'échanges d'appartement. Il a beaucoup de difficultés à placer les adjectifs. Aidez-le à les mettre à leur place.

Voici ma maison. Elle est dans un quartier beau de Marseille. Marseille est une ville grande. C'est aussi une ancienne ville avec une histoire grande. J'habite dans le Marseille vieux, dans un quartier petit. Le quartier est multiculturel et très beau. Le soir, la rue est animée et le quartier est agréable.

4. LA PLACE DES OBJETS

Voici des objets que vous avez certainement chez vous. Écrivez où ils se trouvent dans votre maison. Aidez-vous d'un dictionnaire.

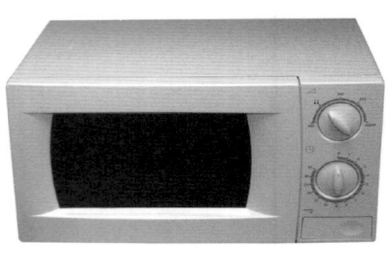
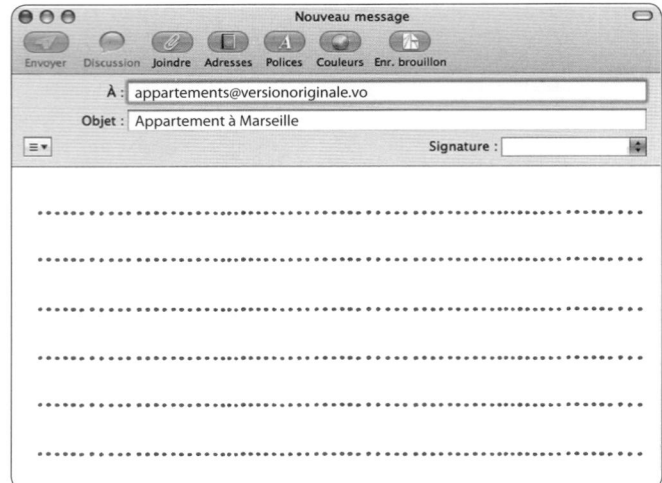

Le micro-ondes est dans la cuisine. Il est…

5. OÙ EST GUSTAVE LE NAIN ?

A. Gustave est reparti en voyage, à Bordeaux cette fois. Aidez-le à écrire les légendes dans son album photo.

❶ Moi .... les caves de vin.

❷ Moi .... la Garonne.

❸ Moi .... l'hôtel de ville.

❹ Moi .... le porche de la Porte Cailhau.

B. Vous recevez un sms de Gustave le nain. Cochez la photo du lieu d'où il écrit.

COUCOU DEPUIS BORDEAUX. C'EST MOI DEVANT L'ENTRÉE DE LA CATHÉDRALE. À BIENTÔT, GUSTAVE.

3 | Activités

6. QUI VA OÙ ?

A. Le site *Vacances à la mer* présente des annonces pour réserver des appartements. Trouvez les maisons qui correspondent aux attentes des personnes.

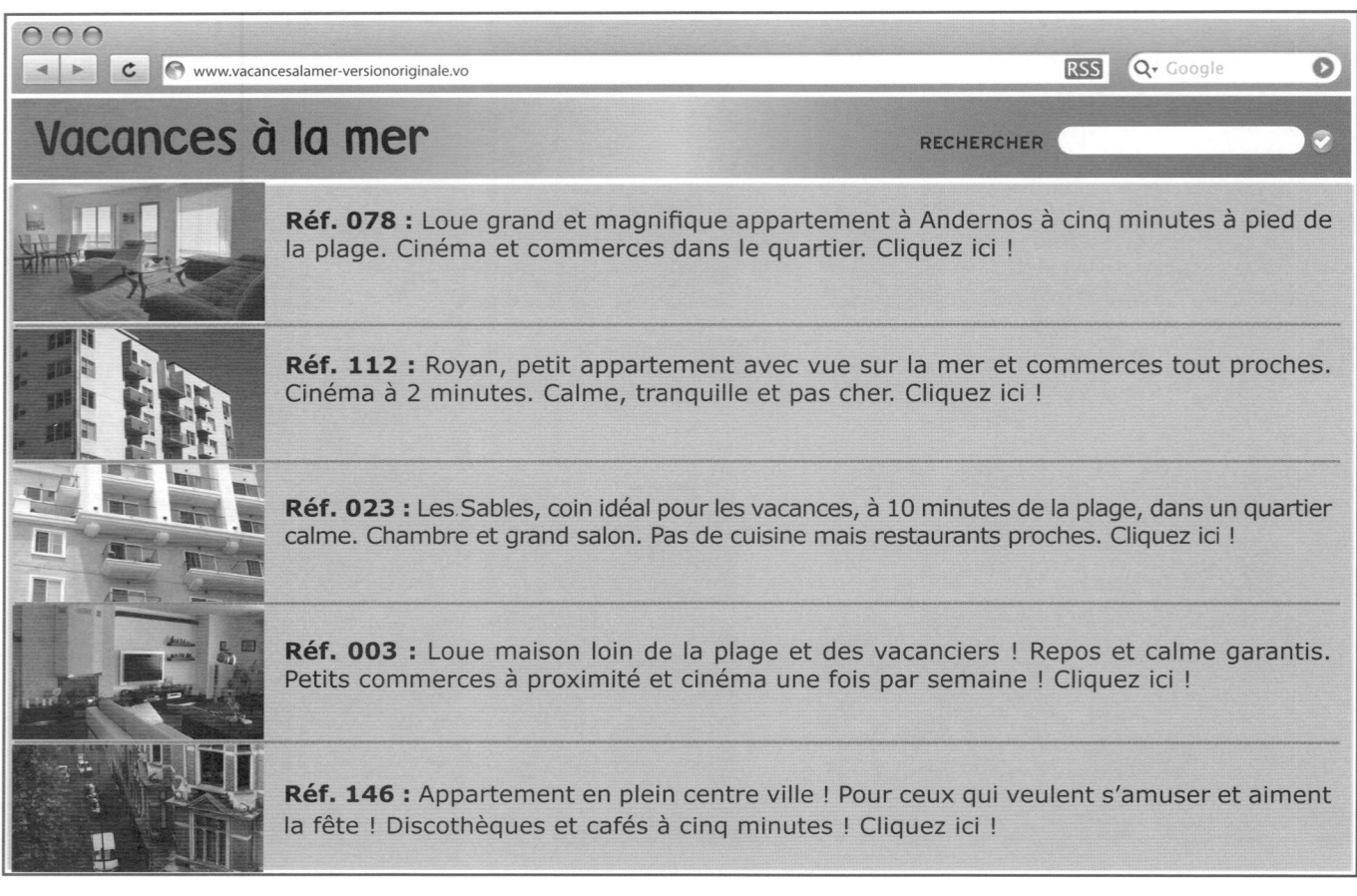

1. Jonathan et Lydie veulent aller à la plage et se reposer. Ils cherchent le silence et des restaurants pour bien manger.

Réf. ....

2. La famille Brun cherche un grand appartement proche de la plage avec un cinéma pour sortir le soir.

Réf. ....

3. Cynthia aime la fête ! Elle veut sortir tous les soirs pendant les vacances.

Réf. ....

4. Floriane et Maximilien n'aiment pas la mer. Ils cherchent un coin tranquille avec leur bébé loin du bruit et du monde.

Réf. ....

B. Et vous, quelle annonce vous plaît ? Expliquez votre choix sur le même modèle.

....
....

7. LE VILLAGE

Vous écoutez la radio. Un habitant présente son village à la radio.
Cochez les cases qui correspondent à ce que dit cet habitant.

	Il y a quelques	Il y a beaucoup de / d'	Il n'y a pas de / d'
touriste(s)			
commerce(s)			
supermarché(s)			
restaurant(s)			
cinéma(s)			
voiture(s)			
hôtel(s)			

8. LES SONS [e] ET [ə]

Voici des mots avec [e] (*j'ai*) ou [ə] (*je*).
Cochez la réponse qui convient puis écoutez l'enregistrement pour vérifier vos réponses.

	[e]	[ə]
cinéma		
musée		
le		
supermarché		
quartier		
les		
école		
appartement		
église		
boulangerie		
piétonne		

9. SINGULIER / PLURIEL

Écoutez les mots et dites s'ils sont au singulier ou au pluriel.

	singulier	pluriel
1		
2		
3		
4		
5		
6		
7		
8		
9		
10		
11		
12		

3 | Activités

10. DANS LE QUARTIER, IL Y A...

A. Associez chacun de ces noms à un produit ou service proposé.

1. un acte de naissance
2. de l'argent
3. des bijoux
4. des cahiers
5. des cours
6. des lettres
7. des livres
8. des médicaments
9. des menus
10. du pain
11. de la viande

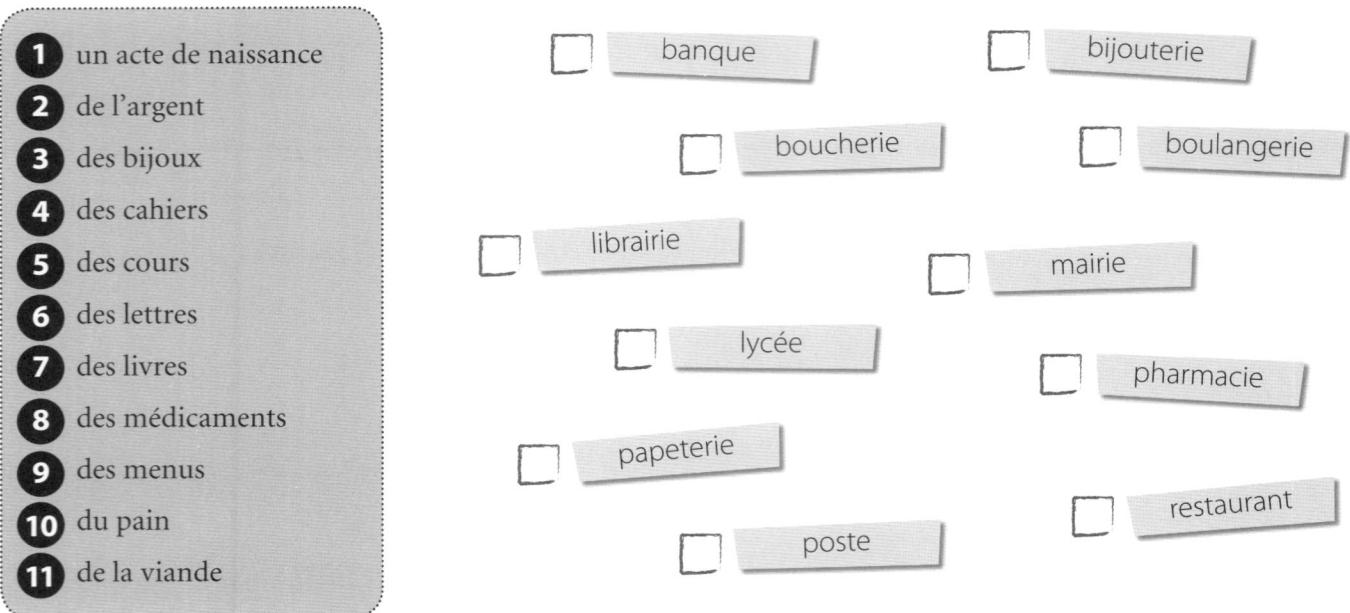

- ☐ banque
- ☐ bijouterie
- ☐ boucherie
- ☐ boulangerie
- ☐ librairie
- ☐ mairie
- ☐ lycée
- ☐ pharmacie
- ☐ papeterie
- ☐ restaurant
- ☐ poste

B. Écoutez Patricia faire la description du centre de la ville où elle habite et placez les noms des lieux et des commerces qui manquent.

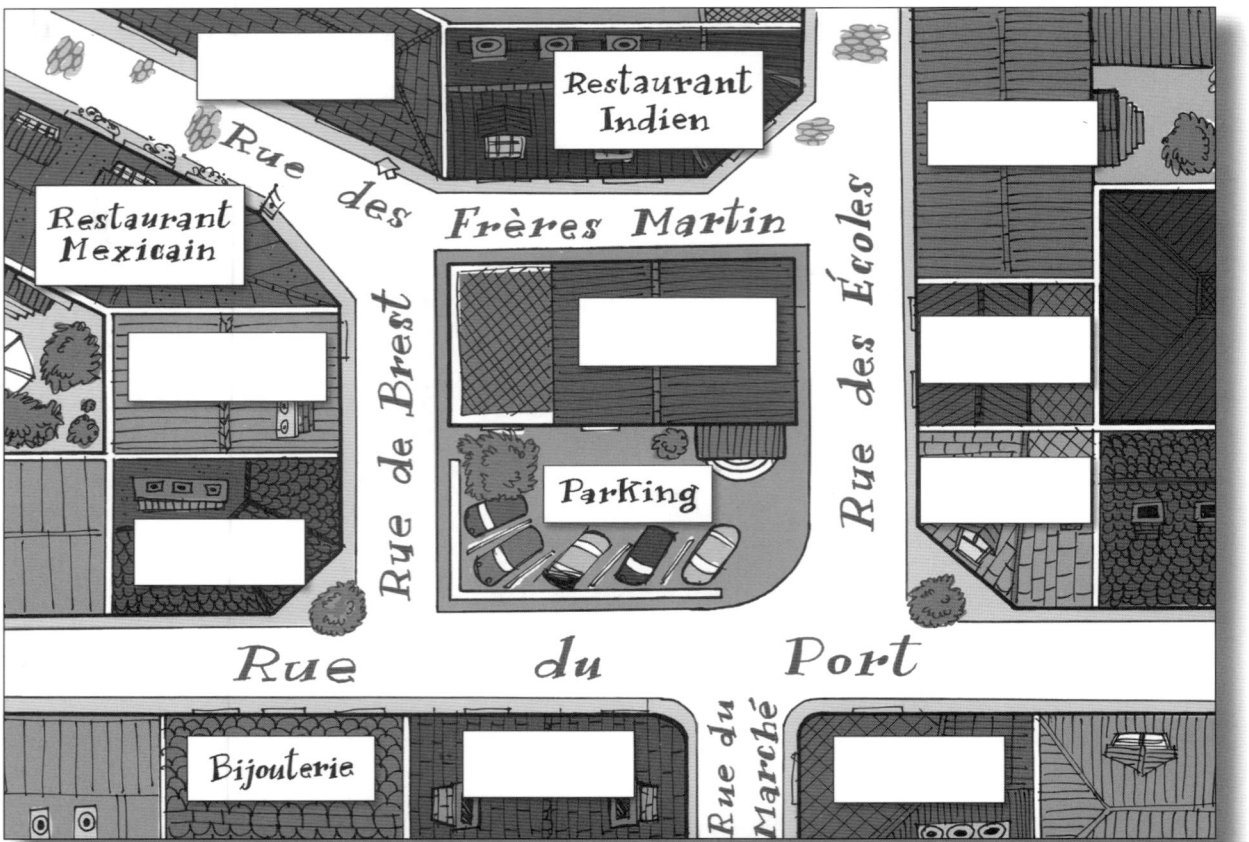

Lexique et médiation | 3

11. EN VILLE
Rassemblez tous les noms de boutiques, de magasins, etc. que vous connaissez.

> Pour faire mes achats, je vais au…

> Pour rencontrer des amis, je vais au…

> Pour me distraire, je vais…

12. ET DANS VOTRE LANGUE ?
A. Comment dites-vous ?

Dans le centre-ville, il y a une rue piétonne, un parc, des boutiques, mais il n'y a pas de cinéma.

....
....

La pharmacie est à côté de la librairie, près de l'arrêt de bus.

....

B. En français, pour présenter un quartier ou une ville, on dit « c'est un quartier agréable, animé, etc. ». Et dans votre langue, quelle est l'expression équivalente ?

....

C. En français, en général, on place l'adjectif derrière le nom : c'est une ville *polluée*. Parfois, on place certains adjectifs devant le nom : c'est une *belle* ville. Et dans votre langue, où se place l'adjectif ?

....

3 | Connectez-vous !

13. POÈMES EN LIBERTÉ

A. Lisez le poème de Guillaume Apollinaire intitulé *Le Chat* que vous trouverez sur le site de Babelweb :

http://m6.babel-web.eu

B. Utilisez la même structure et écrivez un poème sur votre quartier idéal que vous publierez sur Babelweb. Pour réaliser cette activité, vous pouvez vous aider des éléments suivants :

- Faites une liste de ce que vous aimeriez dans ce quartier :

    - un boulanger,
    - des arbres…

- Ajoutez éventuellement des adjectifs :

    - un bon boulanger
    - des arbres bien verts…

- Cherchez des rimes si possible :

    Mon quartier
    Je souhaite dans mon quartier :
    Une bonne boulangère,
    Une fontaine, un cinéma,
    Des arbres bien verts,
    Et des voisins sympas.

C. Pour publier votre poème sur Babelweb, allez sur le site :

http://m6.babel-web.eu

Vous pouvez aussi l'enregistrer et le publier en mp3.

 Activités complémentaires en ligne sur versionoriginale.difusion.com

Tes amis sont mes amis | 4

1. RECHERCHE CORRESPONDANT

A. Complétez ces deux fiches à partir des post audios laissés sur le site.

1
- Prénom : Barbara
- Âge : ....
- Ville : ....
- Profession : ....
- Elle aime : ....

2
- Prénom : Richard
- Âge : ....
- Ville : ....
- Profession : ....
- Il aime : ....

B. Ces personnes peuvent correspondre avec...

Barbara
- ☐ Mark
- ☐ Christophe
- ☐ Philippe

Richard
- ☐ Mark
- ☐ Christophe
- ☐ Philippe

C. À votre tour, envoyez un message écrit pour répondre à Mark, Christophe ou Philippe.

4 | Activités

2. LE SONDAGE

A. Reprenez la fiche *Les possessifs* (**Livre de l'élève**, p. 54) et complétez ce dialogue.

- Bonjour Mademoiselle ! Je fais un petit sondage sur les goûts des jeunes. Je peux vous demander quel est .... loisir préféré ?

○ Bonjour, ... loisir préféré… ben, j'adore aller au cinéma.

- D'accord. Et .... acteur préféré ?

○ Pfff, y en a beaucoup… Johnny Depp.

- Je vois… Et côté musique, ... chanteuse préférée ?

○ .... chanteuse préférée ? C'est Diams !

- Ah oui ? J'aime beaucoup aussi ! Vous connaissez .... dernier album ?

B. Maintenant, écoutez le dialogue et vérifiez vos réponses.

3. LE BLOG

Patricia veut mettre son blog à jour. Aidez-la à compléter la légende des photos.

Paul et .... guitare avec tous les copains !

Théo, ... petit chien ;-)

Jamais sans .... bécane ! (............... vélo, quoi !)

Ma copine Sandrine et .... nouveau petit ami !

Activités | 4

4. LA FAMILLE LAMBERT

A. Voici l'arbre généalogique de la famille Lambert et un peu de vocabulaire pour compléter les phrases ci-dessous.

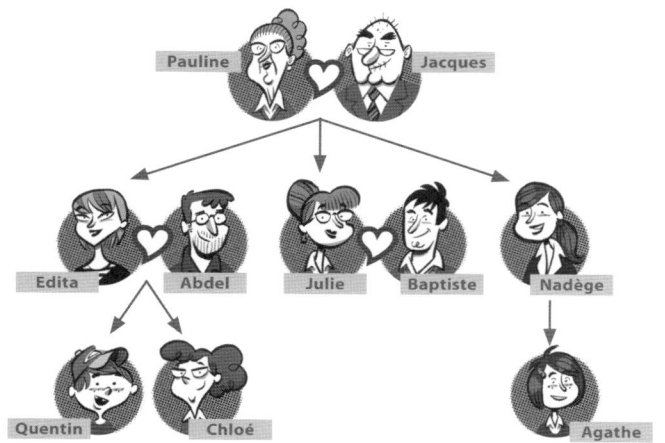

père	oncle
mère	cousin
sœur	cousine
frère	petit-fils
fille	petit-fille
fils	grand-père
tante	grand-mère

Jacques est .... de Quentin.   Abdel est .... d'Agathe.

Edita est .... de Julie.   Jacques et Pauline sont .... de Chloé.

B. Dans cet arbre, il manque une personne : Vincent. À partir des informations ci-dessous, dites de qui il est le fils.

Vincent a une sœur, deux tantes, deux oncles et un cousin : il est le fils de ....

C. Chloé parle de ses vacances en famille. Complétez le texte suivant.

« Pendant les vacances, je suis allée chez … grands-parents. … grand-père a fêté son anniversaire. Il a eu 85 ans. Toute … famille est venue. Je suis toujours contente de voir … oncles, … tantes et … cousins. Surtout … cousine Agathe parce qu'on ne se voit pas beaucoup. Elle habite loin, c'est normal. Elle est gentille et a toujours des bonnes idées pour jouer. Et puis il y a … oncle Baptiste. Il est très drôle. … tante Nadège est très gentille aussi, mais elle veut toujours savoir comment ça va à l'école. Donc, on a fêté l'anniversaire de … grand-père. Et pour ça, … grand-mère a fait un grand repas délicieux. »

D. C'est à vous… Présentez trois personnes de votre famille, à la manière de Chloé.

....

....

....

4 | Activités

5. QUE FONT ALEX ET CATHY ?
Regardez ces illustrations et complétez les phrases ci-dessous.

Alex et Cathy ....

Alex et Cathy ....

Alex ....

Cathy ....

Cathy ....

6. ENQUÊTE

Dans la rue, le journaliste d'une radio a interrogé six personnes sur leurs goûts.
Écoutez leurs réponses et cochez la bonne case.

a. ☐ Elle adore
☐ Elle aime bien   le jazz.
☐ Elle déteste

b. ☐ Elle aime
☐ Elle aime un peu   le sport.
☐ Elle n'aime pas du tout

c. ☐ Il aime beaucoup
☐ Il aime un peu   le bricolage.
☐ Il n'aime pas du tout

d. ☐ Elle aime beaucoup
☐ Elle aime bien   la danse.
☐ Elle déteste

e. ☐ Elle aime bien
☐ Elle n'aime pas beaucoup   la télé.
☐ Elle déteste

f. ☐ Il adore
☐ Il aime   son travail.
☐ Il n'aime pas

32 | trente-deux

Activités | 4

7. VOS LOISIRS PRÉFÉRÉS

A. Vous allez entendre cinq personnes qui parlent de leurs loisirs préférés. Retrouvez qui dit quoi et cochez la case qui correspond.

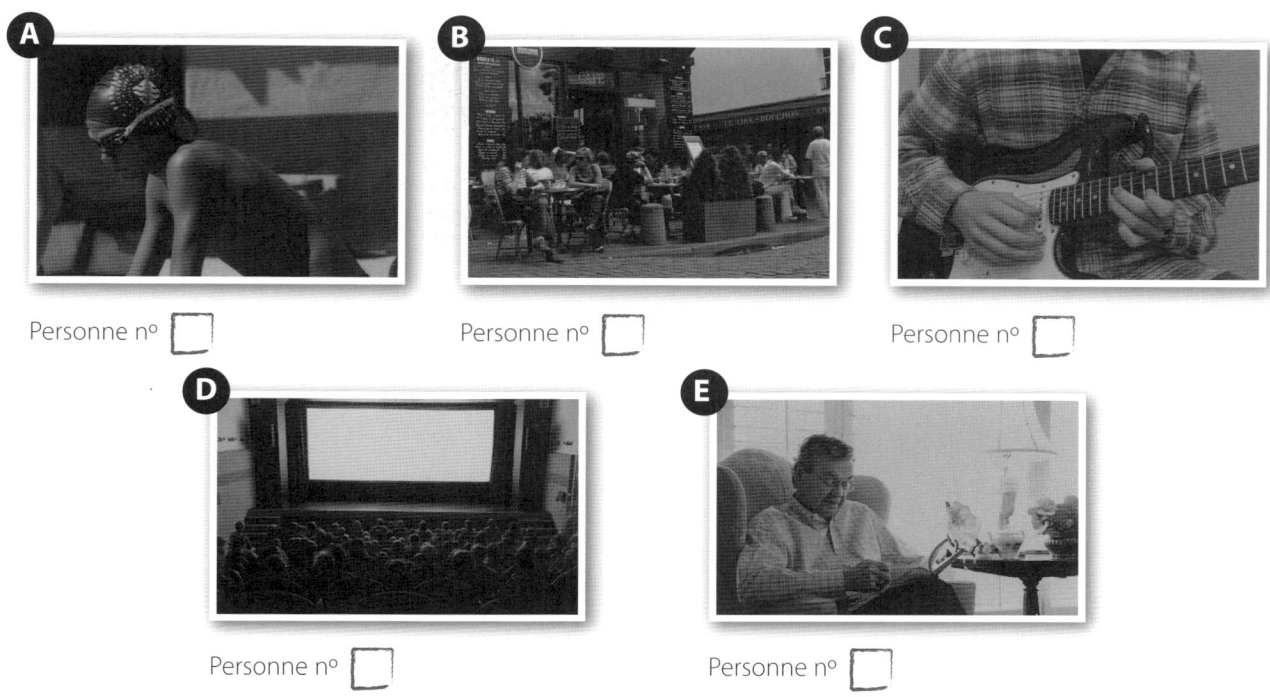

A — Personne n° ☐
B — Personne n° ☐
C — Personne n° ☐
D — Personne n° ☐
E — Personne n° ☐

B. Classez dans le tableau les éléments suivants selon vos goûts. Vous pouvez en ajouter d'autres.

- la télévision
- la politique
- le football
- le cinéma
- voyager
- la mer
- sortir avec des ami(e)s
- naviguer sur Internet
- les « fast-food »
- le jazz
- le théâtre
- le français
- le tennis

Je déteste	
Je n'aime pas	
J'aime bien	
J'aime beaucoup	
J'adore	

4 | Activités

8. DÉCRIVEZ-VOUS

Piste 21

A. Pour vous présenter, écoutez le professeur et répondez aux questions.

B. À partir de vos notes, créez votre annonce sur le site *Amis sur le net*.

9. JE NE COMPRENDS PAS

Piste 22-27

Il n'est pas toujours facile de tout comprendre avec le bruit, mais vous pouvez trouver des indices afin de saisir le sens général d'une phrase. Vous allez entendre des « extraits de vie ». Cochez la case lorsque vous entendez la négation.

Dialogue 1 ☐ Dialogue 4 ☐

Dialogue 2 ☐ Dialogue 5 ☐

Dialogue 3 ☐ Dialogue 6 ☐

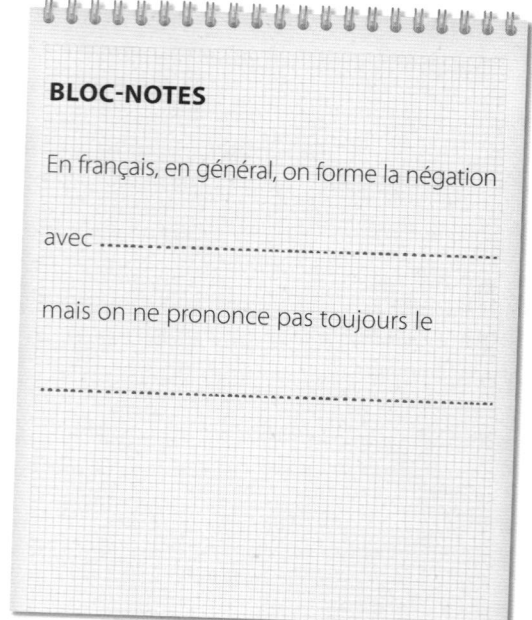

BLOC-NOTES

En français, en général, on forme la négation avec ....

mais on ne prononce pas toujours le ....

Lexique et médiation | 4

10. IL AIME UN PEU, BEAUCOUP…
A. Traduisez les phrases suivantes dans votre langue.

Il aime beaucoup la musique classique. ....

Il aime le chocolat. ....

Il aime Melissa. ....

Il aime sortir avec ses amis. ....

B. Dans votre langue, combien de verbes utilisez-vous pour dire que vous aimez quelqu'un ou quelque chose ? Citez-les.

....

11. IL EST COMMENT ?
Reliez la définition à l'adjectif qui correspond, puis trouvez le dernier adjectif à l'aide des premières lettres des adjectifs ci-dessous.

GENTIL   **DRÔLE**   **NEUF**   **ANTIPATHIQUE**   **RÂLEUR**

C'est une personne très aimable.

C'est une personne jamais contente.

Il n'est pas sympa.   Il n'est pas petit : ....

C'est un objet qui n'a pas encore servi.

C'est une personne très amusante.

12. JEU DÉTENTE
Dans chaque encadré, il manque des lettres pour que les alphabets soient complets. À partir de ces lettres manquantes, formez le nom d'un loisir.

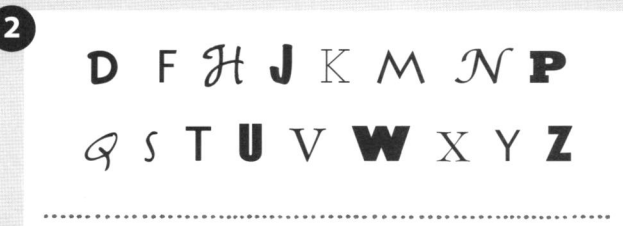

4 | Connectez-vous !

13. RECETTES DU MONDE

A. Voici le nom de plats des quatre coins du monde. À l'aide d'un moteur de recherche, retrouvez leur origine et leurs principaux ingrédients. Vous pouvez compléter la fiche à l'aide d'une illustration.

B. À vous de jouer ! Écrivez la fiche d'une spécialité culinaire de votre région.

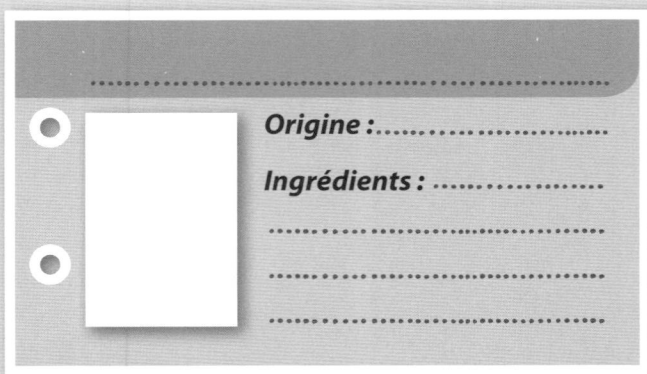

 Activités complémentaires en ligne sur versionoriginale.difusion.com

Jour après jour | 5

1. QUELLE HEURE EST-IL ?
Écrivez l'heure de ces trois pendules en lettres.

Il est ....   Il est ....   Il est ....

2. LA FRANCE AU QUOTIDIEN
A. Les mots suivants ont été enlevés de ce petit article tiré d'une revue sur le monde francophone. Remettez-les à leur place.

12h00 et 13h30   16h00   19h00 et 20h00   plat du jour   soirée   nuit   week-end

après-midi   goûter   déjeuner   dîner   petit-déjeuner   soir   matin   midi

La France au quotidien

Avant votre arrivée en France, découvrez quelques habitudes des Français.

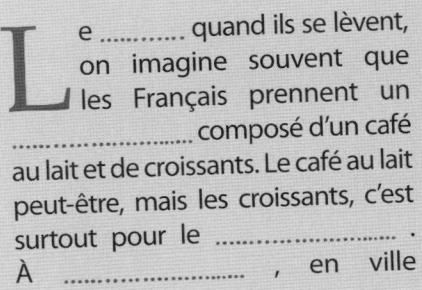

Le .... quand ils se lèvent, on imagine souvent que les Français prennent un .... composé d'un café au lait et de croissants. Le café au lait peut-être, mais les croissants, c'est surtout pour le .... À .... , en ville (surtout eux mais pas seulement !) (surtout), c'est normal d'aller dans un petit restaurant et de demander le .... En général, la pause .... se fait entre .... En fin d'............ , ... , les enfants prennent leur .... avant de faire leurs devoirs. Le .... , entre .... , c'est l'heure de .... Le reste de la .... , ils restent regarder la télé ou naviguer sur Internet parfois jusqu'à très tard dans la ....

B. Écrivez un petit article sur le modèle de celui de *La France au quotidien* pour présenter à un étranger les habitudes quotidiennes de votre pays.

trente-sept | 37

5 | Activités

3. À VOIR... ET À NE PAS VOIR

Écoutez cet extrait radio sur les recommandations des émissions qu'il y a aujourd'hui à la télévision puis reliez-les à l'heure où elles sont annoncées.

Émissions	Heure
Journal télévisé	20h45
Match de tennis	14h30
Match de rugby	13h
Au soleil d'été	16h30
Variétés Albert Lamaison	14h
Émission spéciale	00h00
Film	16h

4. LA SALLE DE SPORT

Voici le programme d'activités et les horaires d'une salle de sport. Complétez les phrases à partir des informations contenues dans ce programme.

	Lundi	Mardi	Mercredi	Jeudi	Vendredi	Samedi
10h00 – 11h30			Judo pour juniors		Squash	
11h45 – 13h15			Karaté pour juniors			
14h00 – 15h30						Judo pour juniors
15h45 – 17h00						Karaté pour juniors
17h15 – 18h30	Judo pour adultes	Yoga	Judo pour adultes	Yoga		
18h45 – 20h15	Karaté pour adultes	Danse	Gymnastique	Danse	Karaté pour adultes	

1. Le judo pour adultes a lieu *le lundi soir et le mercredi soir.*
2. Il y a des cours de karaté pour adultes le ....
3. On peut faire de la danse le ....
4. Les cours de judo pour juniors ont lieu le ....
5. Il y a yoga le ....
6. Pour faire de la gymnastique, il faut venir le ....
7. Le squash a lieu le ....

Activités | 5

5. JUSTE UNE FOIS ?

🔊 Piste 29

A. Écoutez ces personnes. Chacune parle d'un moment unique ou d'une habitude. Cochez la case qui convient.

	Moment unique	Habitude
1		
2		
3		
4		
5		
6		
7		
8		

B. Indiquez à votre tour deux moments uniques et deux moments habituels de votre semaine.

6. RENDEZ-VOUS

🔊 Piste 30

A. Écoutez la conversation puis complétez les agendas de Julie et François.

AGENDA DE JULIE

	Lundi	Mardi	Mercredi	Jeudi	Vendredi	Samedi	Dimanche
semaine 1	01	02	03	04	05	06	07
semaine 2	08	09	10	11	12	13	14

AGENDA DE FRANÇOIS

	Lundi	Mardi	Mercredi	Jeudi	Vendredi	Samedi	Dimanche
semaine 1	01	02	03	04	05	06	07
semaine 2	08	09	Exam de français	11	12	13	14

B. À partir des informations contenues dans le dialogue, complétez le message que Julie envoie à François.

> Coucou, changement de programme, je ne pars plus à Londres. On mange ensemble .... ?
> Bises. Julie.

trente-neuf | 39

5 | Activités

7. LA RÉSERVATION

A. À partir des notes de l'assistante, complétez le courriel récapitulatif qu'elle envoie à M. Dusse.

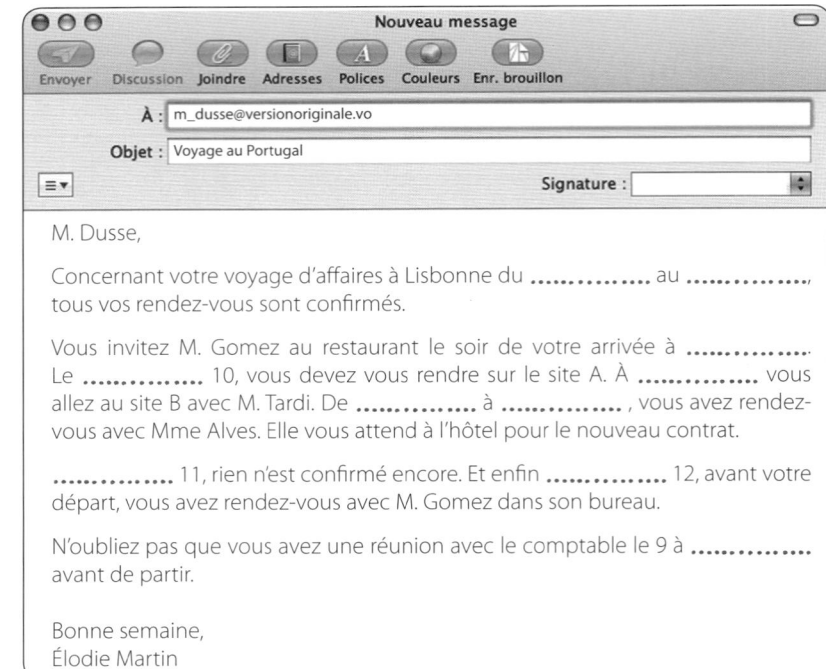

Voyage au Portugal

Mardi 9
9h30 : réunion avant départ (bureau) ;
21h30 : RDV M. Gomez (resto)

Mercredi 10
9h : visite site A ;
11h30 : visite site B ;
17h-20h : Mme Roberta Alves, nouveau contrat

Jeudi 11
RDV à confirmer

Vendredi 12
10h : M. Gomez (dans son bureau)

À : m_dusse@versionoriginale.vo
Objet : Voyage au Portugal

M. Dusse,

Concernant votre voyage d'affaires à Lisbonne du .... au ...., tous vos rendez-vous sont confirmés.

Vous invitez M. Gomez au restaurant le soir de votre arrivée à .... Le .... 10, vous devez vous rendre sur le site A. À .... vous allez au site B avec M. Tardi. De .... à ...., vous avez rendez-vous avec Mme Alves. Elle vous attend à l'hôtel pour le nouveau contrat.

.... 11, rien n'est confirmé encore. Et enfin .... 12, avant votre départ, vous avez rendez-vous avec M. Gomez dans son bureau.

N'oubliez pas que vous avez une réunion avec le comptable le 9 à .... avant de partir.

Bonne semaine,
Élodie Martin

B. À l'aide de la page Internet des vols, aidez son assistante à réserver le vol et à finir son courriel.

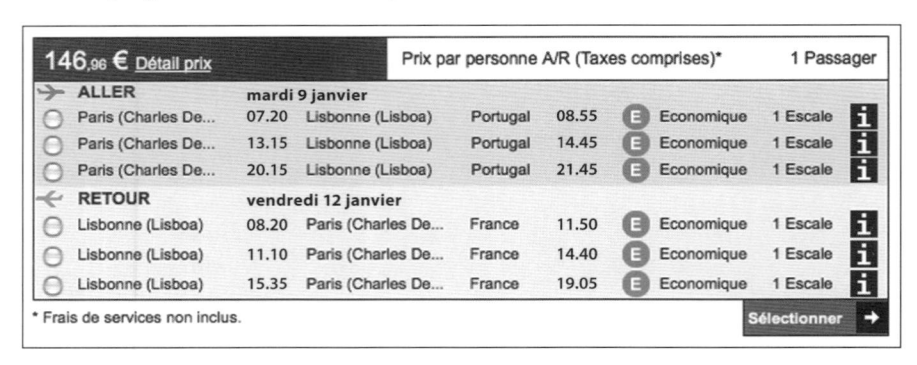

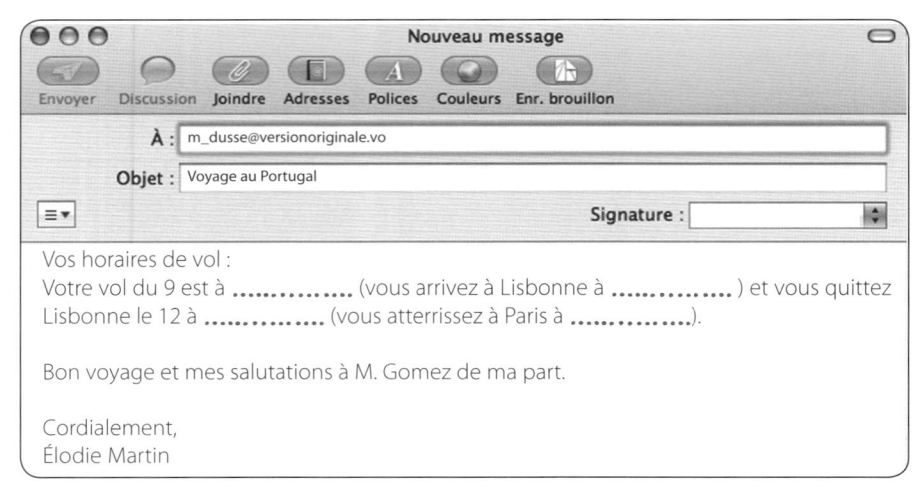

146,96 € Détail prix			Prix par personne A/R (Taxes comprises)*			1 Passager	
✈ **ALLER**		mardi 9 janvier					
○ Paris (Charles De...	07.20	Lisbonne (Lisboa)	Portugal	08.55	E Economique	1 Escale	i
○ Paris (Charles De...	13.15	Lisbonne (Lisboa)	Portugal	14.45	E Economique	1 Escale	i
○ Paris (Charles De...	20.15	Lisbonne (Lisboa)	Portugal	21.45	E Economique	1 Escale	i
✈ **RETOUR**		vendredi 12 janvier					
○ Lisbonne (Lisboa)	08.20	Paris (Charles De...	France	11.50	E Economique	1 Escale	i
○ Lisbonne (Lisboa)	11.10	Paris (Charles De...	France	14.40	E Economique	1 Escale	i
○ Lisbonne (Lisboa)	15.35	Paris (Charles De...	France	19.05	E Economique	1 Escale	i

*Frais de services non inclus. Sélectionner →

À : m_dusse@versionoriginale.vo
Objet : Voyage au Portugal

Vos horaires de vol :
Votre vol du 9 est à .... (vous arrivez à Lisbonne à ....) et vous quittez Lisbonne le 12 à .... (vous atterrissez à Paris à ....).

Bon voyage et mes salutations à M. Gomez de ma part.

Cordialement,
Élodie Martin

Activités | 5

8. LA BONNE HEURE

A. Vous allez entendre différentes situations. Indiquez les horaires de chaque situation.

1. Le film est à ....

2. La poste ferme à .... et il est ....

3. Réunion dans la grande salle à ....

4. Départ du train à ....

5. La piscine ouvre ....

6. Le cours se termine à ....

BLOC-NOTES

Attention à l'orthographe de *demi*. Dans l'expression « et demi », c'est un adjectif qui s'accorde en genre avec le nom :
Il est trois heures et demie.

Mais devant le nom, c'est un adverbe et il est invariable :
Une demi-heure.

B. Indiquez l'heure officielle des différentes situations de l'activité A (dans certains cas, elle ne change pas).

1. Le film est à ....

2. La poste ferme à .... et il est ....

3. Réunion dans la grande salle à ....

4. Départ du train à ....

5. La piscine ouvre ....

6. Le cours se termine à ....

9. COMBIEN DE TEMPS ?

A. On a posé deux questions à des personnes dans la rue :
« Comment allez-vous au travail ? » et « Combien de temps vous faut-il pour y aller ? ».
Aidez l'enquêteur à cocher les différentes réponses dans sa liste.

		Personne A	Personne B	Personne C
Comment... ?	voiture			
	train			
	métro			
	tramway			
	bus			
	vélo			
	à pied			
Combien de temps ?	de 10 à 20 minutes			
	de 20 à 30 minutes			
	de 30 minutes à 1 heure			
	+ de 1 heure			

B. Quel véhicule utilisez-vous pour aller au travail ou en cours et combien de temps vous faut-il ?

5 | Activités

10. LES FRANÇAIS... ET VOUS ?

A. Un article présente les préférences des Français. Quelles sont les vôtres ?

	MOI AUSSI	MOI SI	MOI NON PLUS	MOI OUI	PAS MOI
Un Français sur trois va au musée au moins une fois par an.					
33 % des Français vont au restaurant entre 1 et 3 fois par mois.					
Les Français adorent le football.					
La majorité des Français préfère le cinéma à la télé.					
Les Français regardent moins la télévision et ils sont souvent devant leur ordinateur.					
Les Français aiment le vélo : la France est au quatrième rang mondial pour l'achat de vélos par habitant.					
Les Français préfèrent partir à la mer en été.					
47,5 % des Français de plus de 15 ans lisent la presse.					

B. À votre tour complétez le tableau ci-dessus avec des affirmations sur les habitudes des habitants de votre pays.

11. ENTRETIEN AVEC DES ÉTUDIANTS

Piste 33

A. Trois étudiants participent à une émission de radio. Écoutez-les et cochez la case qui convient.

	Jamais	Parfois	Souvent	Toujours
Alix prend un petit-déjeuner.	☐	☐	☐	☐
Emmanuelle prend un petit-déjeuner.	☐	☐	☐	☐
Anselme prend un petit-déjeuner.	☐	☐	☐	☐
Alix fait du sport le matin.	☐	☐	☐	☐
Emmanuelle fait du sport le matin.	☐	☐	☐	☐
Anselme fait du sport le matin.	☐	☐	☐	☐
Alix a cours le matin.	☐	☐	☐	☐
Emmanuelle a cours le matin.	☐	☐	☐	☐
Anselme a cours le matin.	☐	☐	☐	☐
Alix se couche tard.	☐	☐	☐	☐
Emmanuelle se couche tard.	☐	☐	☐	☐
Anselme se couche tard.	☐	☐	☐	☐

B. Et vous, que faites-vous toujours, souvent, parfois et jamais avant d'aller en cours ou au travail ?

....

Lexique et médiation | 5

12. LES ACTIVITÉS

A. Selon vous, dans quelle catégorie faut-il classer ces activités ? Une activité peut appartenir à plus d'une catégorie. Vous pouvez compléter les colonnes avec d'autres activités que vous connaissez.

sport	art	divertissement	autres
	théâtre		

vélo   discothèque   tennis
lecture   danse   cinéma
cours de langue   théâtre
repas entre amis   piano

B. Complétez cette phrase avec les formes suivantes : **jouer de / jouer au / faire du**.

En français, on peut .... piano ou .... foot ;

mais on dit qu'on .... foot et qu'on .... piano.

C. Traduisez dans votre langue.

Je fais du tennis. ....

Je joue au tennis. ....

Je fais du piano. ....

Je joue du piano. ....

Je fais du théâtre. ....

Je joue au théâtre tous les soirs. ....

13. IL EST...

A. Pour chaque définition, retrouvez l'adjectif qui correspond parmi les étiquettes. Attention aux accords.

paresseux   gourmand   écolo   désordonné
intellectuel   casanier   sportif

1. Jean est toujours au bureau, même le dimanche. Il est *travailleur*.

2. Paul préfère rester à la maison et n'aime pas beaucoup sortir. Il est ....

3. Christelle ne retrouve jamais rien parce qu'elle ne sait pas ranger. Elle est ....

4. Cet homme préfère ne rien faire. Il est ....

5. Bernard aime beaucoup la culture et les choses de l'esprit. Il est ....

6. Chloé court et nage tous les jours. Elle est ....

7. William n'a qu'un credo, le respect de la nature. Il est ....

8. Jean-Pierre aime beaucoup manger. Il est ....

B. Parmi ces adjectifs, choisissez-en trois dans lesquels vous vous reconnaissez et décrivez-vous dans une petite présentation.

5 | Connectez-vous !

14. DESSINE-MOI TA VIE

A. Vous aimez faire des petits dessins quand vous êtes au téléphone ou quand vous ne savez plus quoi faire ?... Pourquoi ne pas dessiner votre quotidien et le partager avec les Babelwébiens ? Faites une liste des moments-clés de vos journées habituelles ou de votre passé récent.

> lever, petit-déjeuner, début du travail / de l'école, pauses, repas de midi, repas du soir, activités de la soirée, rencontre avec un ami, événement exceptionnel…

B. Choisissez dans cette liste un ou plusieurs de ces moments qui vous semblent le(s) plus intéressant(s) pour être présenté(s) sur le blog. Il peut s'agir de moments :
- qui sont typiques de votre culture (une fête traditionnelle, un moment spécial de la journée…),
- qui ont marqué votre vie personnelle,
- qui vous touchent,
- que vous aimez particulièrement ou pas du tout…

C. Avant de dessiner :
- découpez ce que vous allez raconter en scènes (chacune correspond à une image),
- choisissez les éléments importants à mettre sur votre dessin (élément(s) de décor nécessaires pour savoir où cela se passe, personnages…),
- écrivez le texte d'accompagnement : des bulles pour faire parler les personnages, un commentaire…

D. Dessinez et partagez votre dessin sur le blog *Dessine-moi ta vie* de Babelweb :

http://m8.babel-web.eu

Sur le blog, vous trouverez des idées et des conseils pour :
- dessiner facilement : le visage de vos personnages, un corps, les objets du décor,
- inventer votre scénario,
- écrire vos dialogues et commentaires dans le style BD,
- et même pour réaliser une petite bande dessinée en ligne.

Activités complémentaires en ligne sur versionoriginale.difusion.com

On fait les boutiques ? | 6

1. PARTIR EN WEEK-END

A. Vous partez en week-end avec un ami ou une amie. En fonction de la destination et de la date que vous allez choisir, décidez de ce que vous allez mettre dans votre sac.

Week-end avec ....
Destination : ....
Date : ....

Dans mon sac, je vais mettre…

B. Quand on part en voyage, on n'oublie pas de prendre une trousse de toilette. Qu'est-ce que vous mettez dans votre trousse ?

Dans ma trousse de toilette, je mets…

6 | Activités

2. SAINT-TROPEZ
Écoutez ce texte sur Saint-Tropez et trouvez les bonnes réponses.

- Près de quelle ville se trouve Saint-Tropez ?

  ☐ Nice ☐ Cannes ☐ Monaco

- Quelles sont les professions citées ?

  ☐ écrivaine ☐ poète ☐ acteur
  ☐ danseur   ☐ sculpteur ☐ actrice

- Associez les noms et les lieux.

  a. Pampelonne
  b. la place aux Herbes
  c. la brasserie Sénéquier
  d. le musée de l'Annonciade

  ☐ le marché provençal
  ☐ le port
  ☐ des tableaux impressionnistes
  ☐ une plage

- Les tropéziennes sont…

  ☐ des sandales ☐ des gâteaux ☐ des herbes provençales

3. QUEL TEMPS FAIT-IL ?
A. Associez ces expressions courantes aux symboles. Vous pouvez vous aider d'Internet ou d'un dictionnaire.

Il fait un froid de canard !

Il tombe des cordes !

Il fait un soleil de plomb !

Il fait une chaleur d'enfer !

B. Maintenant complétez les phrases avec la bonne expression.

1. N'oublie pas ton parapluie, ...
2. Si tu vas à la plage, n'oublie pas le parasol, ...
3. Mets ton anorak, ...
4. Mets la clim, s'il te plaît ....

C. Et vous, pour chacune des expressions suivantes que dites-vous dans votre langue ?

Il fait un froid de canard ! ....
Il tombe des cordes ! ....
Il fait un soleil de plomb ! ....
Il fait une chaleur d'enfer ! ....

Activités | 6

4. CE OU LE ?
Complétez ces phrases avec *le, la, l', les* ou *ce, cet, cette* ou *ces*.

1. • Il est à qui, ... anorak ?

   ○ Je crois qu'il est à Samantha.

2. • Tu te souviens de .... chemise rayée à manche longue qu'on a vue dans la boutique l'autre jour ?

   ○ Oui, elle était très jolie. Pourquoi ?

3. • .... sac à main est plutôt sympa, non ?

   ○ Personnellement, je n'aime pas trop.

4. • Monsieur l'agent, je viens de trouver .... portefeuille dans la rue.

   ○ Eh bien, apportez-le au commissariat du quartier.

5. • Qu'est-ce qu'il fait froid, j'ai les mains glacées !

   ○ Tiens, prends donc .... gants !

6. • Je ne trouve plus .... jupe à fleurs de mon anniversaire !

   ○ Tu es sûre de ne pas l'avoir rangée dans .... tiroir ?

5. GOÛTS ET COULEURS
Piste 35

Une journaliste interroge une passante sur ses goûts vestimentaires et sur la mode. Lisez les questions de la journaliste et complétez-les. Ensuite, écoutez l'extrait de l'émission pour répondre aux questions.

• Bonjour, je peux vous poser quelques questions sur vos goûts vestimentaires et la mode ?

○ Bien sûr.

• Alors, pour vous, ... est le pays de la mode ?

○ ☐ La France

   ☐ L'Italie, la France et le Japon

• Alors justement, ... sont vos vêtements préférés ?

○ ☐ Les vêtements en laine, mais pas en été.

   ☐ Les vêtements en lin, en été.

• .... sont vos critères pour acheter vos vêtements ? Le prix ? Les couleurs ?

○ ☐ Surtout le prix et les couleurs

   ☐ Surtout le prix et le style

• À .... occasion vous faites particulièrement attention à vos vêtements ?

○ ☐ Pour aller au travail

   ☐ Pour retrouver une personne particulièrement appréciée

• Et au niveau des couleurs, ... sont celles qui vous plaisent le plus ?

○ ☐ Le rose, le bleu et le blanc

   ☐ Le rose, le blanc mais pas le bleu

• En général, ... sont vos goûts en matière de parfum ?

○ ☐ Les grandes marques françaises

   ☐ Les parfums fruités

6 | Activités

6. LA FÊTE D'ANNIVERSAIRE

A. Le 7 mai, c'est l'anniversaire d'Alexandre, un ami de Stéphane et de Séverine.
À partir de ces trois listes, aidez-les à s'habiller pour la fête d'anniversaire de leur ami.

anorak	argenté	à carreaux
bas	beige	à fleurs
baskets	blanc	à manches courtes
bonnet	bleu	à manches longues
bottes	gris	à rayures
casquette	jaune	à talons
chaussettes	mauve	en coton
chaussures	noir	en cuir
chemise	orange	en laine
collants	rose	en lin
écharpe	rouge	en satin
jean	vert	en velours
jupe		
manteau		
pantalon		
pull		
robe		
tee-shirt		

Stéphane peut mettre…

....

....

Séverine peut mettre…

....

....

B. Et vous, si vous étiez invité(e), que mettriez-vous pour cette fête ?

....

....

7. DEVINETTES

Lisez ces phrases et devinez à quel vêtement ou à quel accessoire elles font référence (plusieurs réponses possibles).

1. Je suis en laine et on me met l'hiver. Je suis ……………..

2. Nous sommes deux et on nous porte l'été. Nous sommes ……………..

3. Je peux être en cuir et je peux contenir beaucoup de choses. Je suis ……………..

4. Je suis très petit et on me met l'été pour aller à la plage. Je suis ……………..

Activités | 6

8. MASCULIN OU FÉMININ

A. Pour chaque couple d'adjectifs que vous allez entendre, cochez (x) la colonne de gauche si la forme masculine se prononce comme la forme féminine et la colonne de droite si leur prononciation est différente.

	Prononciation =	Prononciation #
1		
2		
3		
4		
5		
6		
7		
8		

B. Cherchez dans votre livre cinq autres adjectifs et classez-les dans le tableau suivant en fonction de leur prononciation.

	Prononciation =	Prononciation #
1		
2		
3		
4		
5		

9. FICHE DE VENTE

A. Écoutez le dialogue entre une vendeuse et un client dans une boutique de vêtements. Cochez la fiche qui correspond à l'achat réalisé.

Fiche de vente 1
- Produit acheté : chemise
- Général
- Détail : manches courtes/unie
- Couleur : blanche
- Taille : 40
- Prix : 35 euros
- Paiement : carte bancaire

Fiche de vente 2
- Produit acheté : chemise
- Général
- Détail : manches longues/à fleurs
- Couleur : rose
- Taille : 42
- Prix : 35 euros
- Paiement : chèque

Fiche de vente 3
- Produit acheté : chemise
- Général
- Détail : manches longues/à rayures
- Couleur : rose et blanche
- Taille : 42
- Prix : 35 euros
- Paiement : chèque

B. Le client rentre chez lui et montre sa chemise neuve à sa fille. Imaginez les réactions de sa fille.

- Regarde ma nouvelle chemise ! Tu aimes ?
- ....
- T'aimes pas ?
- Si, elle est .... mais pas ....
- Tu préfères les chemises à fleurs ?
- À fleurs ? Ah non ! Ça c'est .... !

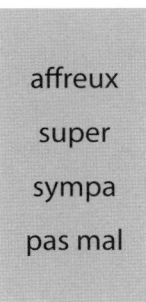

affreux
super
sympa
pas mal

6 | Activités

10. MOTS FLÉCHÉS
À partir des définitions suivantes, complétez cette grille.

1. On le met pour aller à la plage ou à la piscine.
2. Elles protègent du soleil.
3. Elle peut être pour les cheveux, pour les dents ou pour les chaussures.
4. Il se porte en hiver et il tient chaud.
5. Vêtement féminin. Elle peut être longue ou courte.
6. Pâte pour se laver les dents.
7. Sport de balle ou chaussures sportives.
8. Vêtement féminin qui couvre le buste et les jambes.
9. Il y a la serviette de table et la serviette de…
10. Il sert à se peigner.

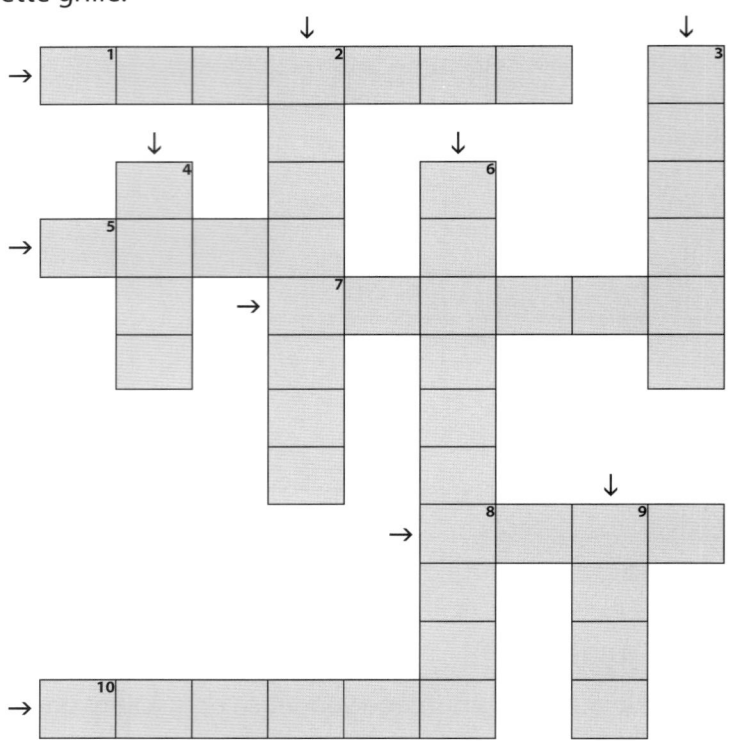

11. EN SAVOIR PLUS SUR… KARL LAGERFELD

Piste 38

Écoutez et prenez des notes puis continuez la description physique du personnage en noir, au premier plan, au début de l'unité (**Livre de l'élève**, p. 79).

Qui est Karl Lagerfeld ?

Date de naissance : ___/___/_____   Ville : _____

Année d'installation en France : _____

Ses métiers (2) : _____   _____

Il travaille pour (2) _____   _____

En 2004, il dessine :
☐ deux timbres.
☐ deux affiches.

En 2008, il fait une publicité pour :
☐ la Poste française.
☐ la Sécurité routière française.

Lexique et médiation | 6

12. LE VOCABULAIRE DE MES ACHATS

Regardez à nouveau la page du site *Dolio* (**Livre de l'élève**, p. 80) et classez le vocabulaire nécessaire pour définir un vêtement. Si vous connaissez d'autres mots de vocabulaire, ajoutez-les.

vêtements	couleurs	**en** + matières	motifs	**à** + détails

13. ET DANS VOTRE LANGUE ?

A. Comment dites-vous…

Bonjour Madame, je voudrais essayer la veste rayée en taille 40 et le pantalon gris en taille 42, s'il vous plaît.

....

....

Et quel est le prix de ce sac en cuir ?

....

Est-il possible de payer par carte bancaire ? Laquelle prenez-vous ?

....

B. En français, vous *portez* ou vous *mettez* un vêtement, des lunettes, des chaussures…
Et vous, quels verbes employez-vous ?

....

C. Quand un Français part en vacances ou en voyage, « il fait sa valise ».
Et vous, employez-vous aussi le verbe *faire* ?

....

6 | Connectez-vous !

14. PARTIR EN VACANCES

A. Vous souhaitez partir en vacances à l'étranger. À l'aide d'un moteur de recherche, connectez-vous sur le site d'une agence de voyages en ligne et sélectionnez la destination de votre choix. Complétez la fiche.

Destination choisie : ....
Période du séjour : ....
Durée du séjour : ....
Type de logement choisi : ....

B. Maintenant, consultez un site de météorologie en ligne pour vous informer du temps qu'il fait là-bas.

Il fait…
....
....
....

C. Enfin, imaginez le contenu de votre valise. Qu'emportez-vous avec vous ?

Ne pas oublier
....
....
....
....

Activités complémentaires en ligne sur versionoriginale.difusion.com

Et comme dessert ? | 7

1. LES MAGASINS

A. Où pouvez-vous acheter ces produits ?

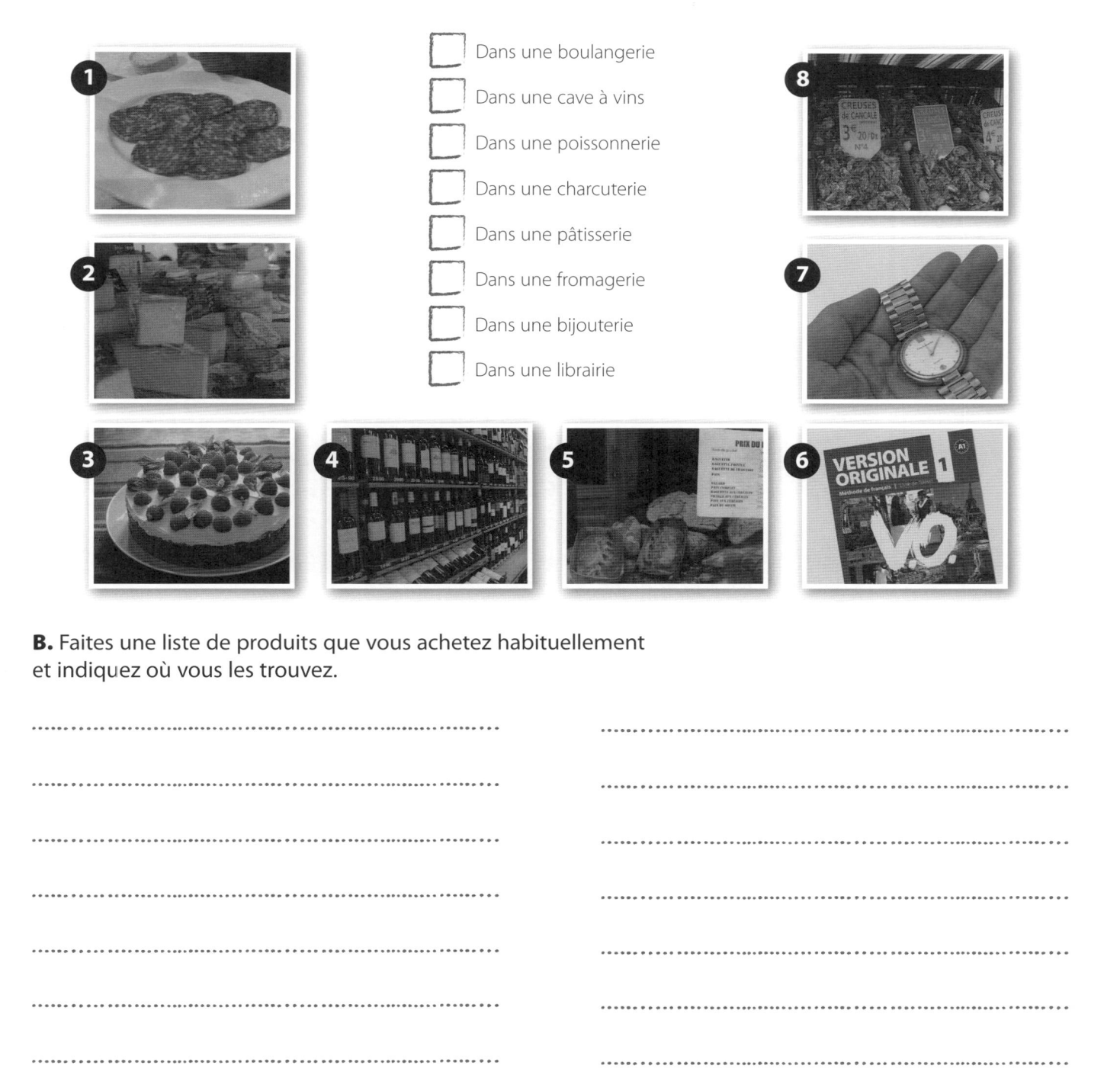

☐ Dans une boulangerie
☐ Dans une cave à vins
☐ Dans une poissonnerie
☐ Dans une charcuterie
☐ Dans une pâtisserie
☐ Dans une fromagerie
☐ Dans une bijouterie
☐ Dans une librairie

B. Faites une liste de produits que vous achetez habituellement et indiquez où vous les trouvez.

....
....
....
....
....
....
....

cinquante-trois | 53

7 | Activités

2. DANS UNE FAMILLE D'ACCUEIL

Vous venez faire un stage linguistique en France et vous allez habiter dans une famille d'accueil. Vous devez remplir le formulaire suivant.

Formulaire d'alimentation

Suivez-vous un régime spécifique ?   ☐ oui   ☐ non

Êtes-vous allergique au gluten ?   ☐ oui   ☐ non

Êtes-vous allergique au poisson ?   ☐ oui   ☐ non

Au petit-déjeuner, vous mangez

....

....

En général, vous ne mangez pas de/du

....

....

3. LA CRÊPE SUZETTE

Piste 39

Écoutez cet extrait radiophonique sur la tradition des crêpes en France et remplissez la fiche ci-dessous.

La crêpe Suzette :

- L'inventeur de la crêpe Suzette : Auguste Escoffier
- « Suzette » est l'actrice : Suzanne Reichenberg
- Cette crêpe est inventée pour :
- La crêpe Suzette est :   ☐ salée   ☐ sucrée
- Sa garniture :
- Elle est connue :

4. À LA CRÊPERIE !

A. Vous allez à la crêperie avec une personne qui ne mange pas de viande. Conseillez-la.

Crêperie Ty Breizh

Les salées

Fromage	4,50 €
Œuf	4,50 €
Jambon	4,50 €
Popeye *Épinards, crème fraîche, œuf*	6,30 €
Printanière *Salade, œuf, tomate*	6,30 €
Ty Breizh *Saucisse, fromage*	6,30 €
Harpe *Roquefort, beurre, noix*	8,30 €
Crêpe Maison *Jambon, fromage, champignons*	6,30 €
Laïta *Saumon fumé, crème fraîche, citron*	8,30 €
Berger *Fromage de chèvre chaud, salade, tomates*	8,30 €
Périgourdine *Foie gras, salade, tomate*	8,50 €
Charleston *Pommes de terre, fromage, jambon, œuf, salade*	9,50 €
Campagnarde *Œuf, champignons, oignons, crème fraîche, salade*	9,50 €

Les sucrées

Sucre	3,00 €
Beurre et sucre	3,00 €
Miel	4,50 €
Chocolat	4,50 €
Chantilly	4,50 €
Confiture au choix *Fraise, myrtille, orange, framboise*	4,50 €
Noix	4,50 €
Banane, chocolat	5,50 €
Banane, chocolat, chantilly	6,00 €
Supplément Boule de glace	2,00 €

À ta place, je ne prendrais pas la crêpe .... parce qu'elle contient ....

À ta place, je ne prendrais pas la crêpe .... parce qu'il y a ....

À ta place, je prendrais la crêpe .... parce qu'elle ....

B. Et maintenant, à vous de composer votre menu idéal à base crêpes (deux salées et une sucrée) et proposez un nom pour le menu et pour chaque crêpe.

Menu ....

Crêpe salée 1
Nom : ....
Ingrédients : ....

Crêpe salée 2
Nom : ....
Ingrédients : ....

Crêpe sucrée
Nom : ....
Ingrédients : ....

C. Quelle boisson suggérez-vous pour accompagner ce menu ?

Je conseille ....

7 | Activités

5. QUE CHOISIR ?

A. Vous amenez un ami français manger dans un restaurant de votre pays. Quelle spécialité lui conseillez-vous de découvrir ?

1. S'il aime la viande/le poisson : ....

2. S'il n'aime pas la viande/le poisson : ....

B. Expliquez-lui quels sont les ingrédients des plats :

1. Dans ce plat, il y a : ....

....

2. Dans ce plat, il y a : ....

....

6. À TABLE !

Vous devez organiser un pique-nique, un repas de famille et une fête d'anniversaire entre amis. Que mettez-vous sur la table ou sur la nappe ?

une bouteille en plastique	une fourchette	un verre en plastique
une bouteille de vin	une serviette	une serviette en papier
une carafe d'eau	un verre à vin	une cuillère
une assiette	une petite cuillère	…………………
un verre à eau	une serviette en tissu	…………………
un couteau	une assiette en carton	…………………

Pique-nique	Repas de famille	Fête entre amis

BLOC-NOTES

Vous pouvez boire un thé dans une tasse ____ café mais vous ne pouvez pas boire de thé dans une tasse ____ café. *À* indique la fonction habituelle (verre à eau) et *de* indique le contenu (verre d'eau).

7. NOUVELLE CUISINE

Florence vient de déménager. Elle ne sera pas là le jour où le déménageur apportera les meubles et la vaisselle. Elle laisse cette note.

> Alors, la table, on va ___ mettre au milieu et le frigo on va ___ pousser à droite... et la cuisinière et le micro-onde on va ___ mettre à gauche.
> La vaisselle, maintenant...
> Les assiettes, mettez-___ dans le placard. Les verres, on va ___ mettre à côté. La cocotte-minute, on va ___ mettre aussi dans le placard.
> Et maintenant la nappe et les torchons : posez-___ sur la table.
>
> Merci encore

8. LA LISTE DE COURSES

A. Écoutez et classez les mots en fonction des trois sons : [ɔ̃], [ɑ̃] ou [ɛ̃]. Attention ! certains mots peuvent se mettre dans deux colonnes !

[ɔ̃]	[ɑ̃]	[ɛ̃]

B. Et vous, quels mots connaissez-vous contenant ces trois sons ?

[ɔ̃] ....

[ɑ̃] ....

[ɛ̃] ....

9. LES SUPERMARCHÉS

Retrouvez les articles manquants.

> **Les supermarchés**
>
> En France, il y a .... supermarchés immenses qui proposent des centaines .... produits alimentaires : .... dizaines de fromages, ... centaines .... vins, ... grande variété .... charcuterie, ... fruits et .... légumes variés, sans parler .... foie gras ou .... huîtres...
> Aujourd'hui on trouve même .... repas tout prêts, sous vide, cuisinés par .... plus grands chefs !

10. VOTRE SOIRÉE

Vous invitez un ami à passer un week-end chez vous. Vous lui envoyez un courriel avec le programme de ces deux jours.

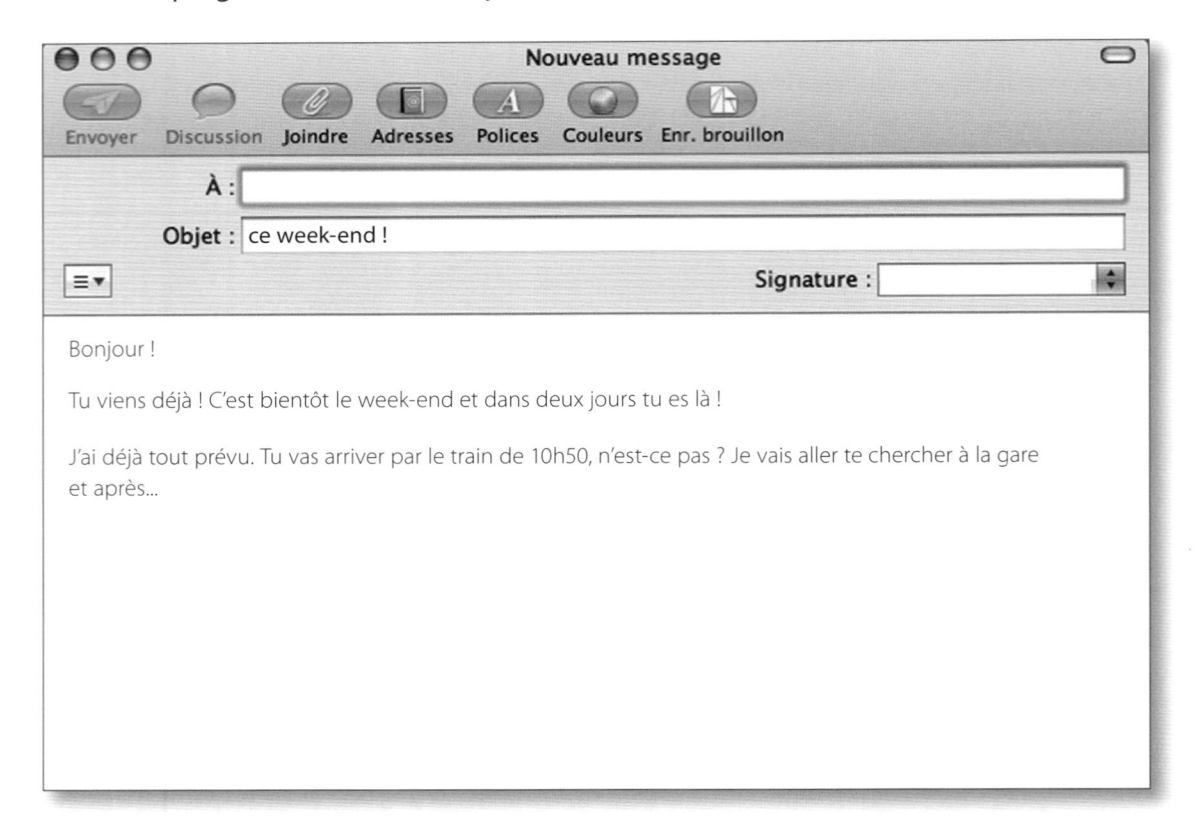

Nouveau message

À :
Objet : ce week-end !

Bonjour !

Tu viens déjà ! C'est bientôt le week-end et dans deux jours tu es là !

J'ai déjà tout prévu. Tu vas arriver par le train de 10h50, n'est-ce pas ? Je vais aller te chercher à la gare et après...

11. DE DEVINETTES EN DEVINETTES

Reliez les phrases de la colonne de gauche aux noms de la colonne de droite.
Attention ! Il y a quatre mots en trop.

1☐ 2☐ 3☐ 4☐ 5☐ 6☐ 7☐ 8☐

1. En général, on la met sur la salade.	a. l'eau
2. On peut le manger avec du pain.	b. la glace
3. On peut les éplucher avant de les manger.	c. la viande de bœuf
4. On la mange avec de la crème chantilly.	d. la vinaigrette
5. On l'achète à la boucherie.	e. le beurre
6. On la boit du robinet ou en bouteille.	f. le fromage
7. On l'achète à la boulangerie,	g. le jus d'orange
8. En Belgique, on les mange souvent avec des moules.	h. le pain
	i. le poisson
	j. les cerises
	k. les frites
	l. les pommes

Lexique et médiation | 7

12. MON RÉSEAU DE MOTS
Notez le vocabulaire des repas et des différentes manières de préparer la viande et les légumes. Vous pouvez élargir le réseau.

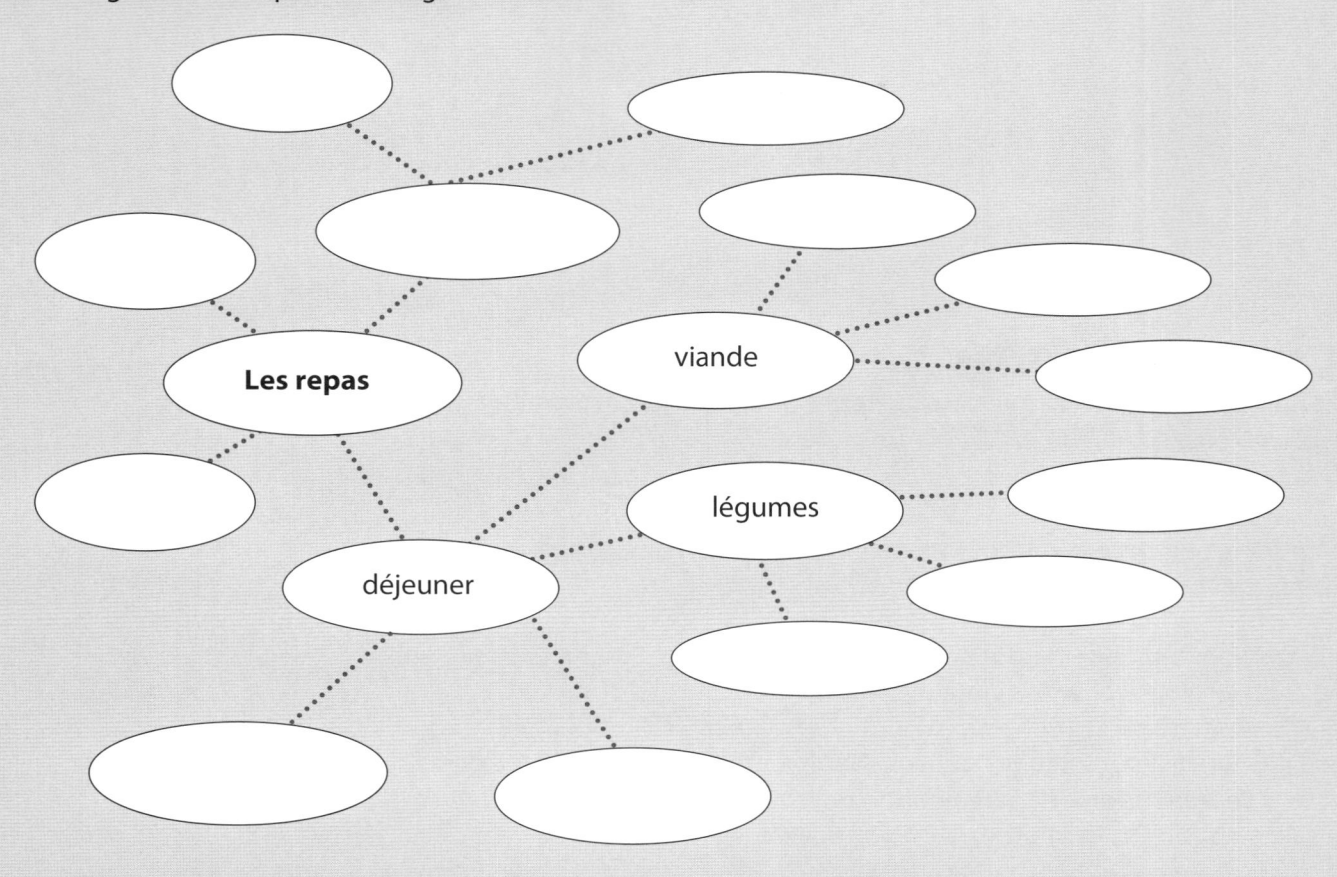

- **Les repas**
- viande
- légumes
- déjeuner

13. ET DANS VOTRE LANGUE ?
A. Comment dites-vous ces phrases dans votre langue ?

Pour faire des crêpes j'ai besoin de lait, d'œufs et de farine.
....

Je peux manger les crêpes sucrées avec de la confiture, du chocolat ou des fruits.
....
....

B. Et pour exprimer une action future ou une intention, est-ce que vous employez aussi le verbe *aller* + infinitif comme dans « je vais prendre un steack » ?
....

C. Est-ce que dans votre pays on *prépare* aussi un repas ? Sinon, quel verbe utilisez-vous ?
....

7 | Connectez-vous !

14. MA RECETTE PRÉFÉRÉE

A. Choisissez une recette que vous aimez et que vous voulez partager avec d'autres Babelwébiens. Avant d'écrire la recette :
- faites la liste des ingrédients nécessaires et des actions à faire pour réaliser cette recette.
- préparez un petit texte pour présenter la recette (par exemple pour dire pourquoi c'est votre recette préférée).

B. Babelweb demande de publier des recettes en images ou en vidéo.
Pour publier votre recette en images :
- écrivez votre recette,
- faites une liste des images qui vous semblent importantes pour aider à la compréhension et à la réalisation de la recette,
- faites les photos et intégrez-les à votre texte.

Pour publier votre recette en vidéo :
- faites une liste chronologique des scènes que vous allez filmer
- préparer pour chaque scène le commentaire,
- faites une ou deux répétitions,
- ensuite filmez !

Sur Babelweb, vous trouverez des conseils pour la réalisation de la vidéo et pour son intégration dans le blog.

C. Réagissez à des recettes publiées : vous pouvez commenter les recettes si elles vous intéressent, si elles vous donnent envie de les réaliser…

D. Pour publier votre recette sur Babelweb, allez sur le site :

http://m5.babel-web.eu

Activités complémentaires en ligne sur versionoriginale.difusion.com

Je sais bricoler | 8

1. QUEL SERVICE ?

A. Sur les pages 106 et 107 du Livre de l'élève, trouvez les personnes qui peuvent proposer les services suivants :

Bricolage	Véronica
Jardinage	
Enseignement	
Baby-sitting	
Pâtisserie	

B. Et vous quel service proposez-vous ? Écrivez votre petite annonce pour le tableau de l'association.

2. AVIS DE RECHERCHE

Complétez les deux annonces ci-dessous avec les adjectifs de la liste.

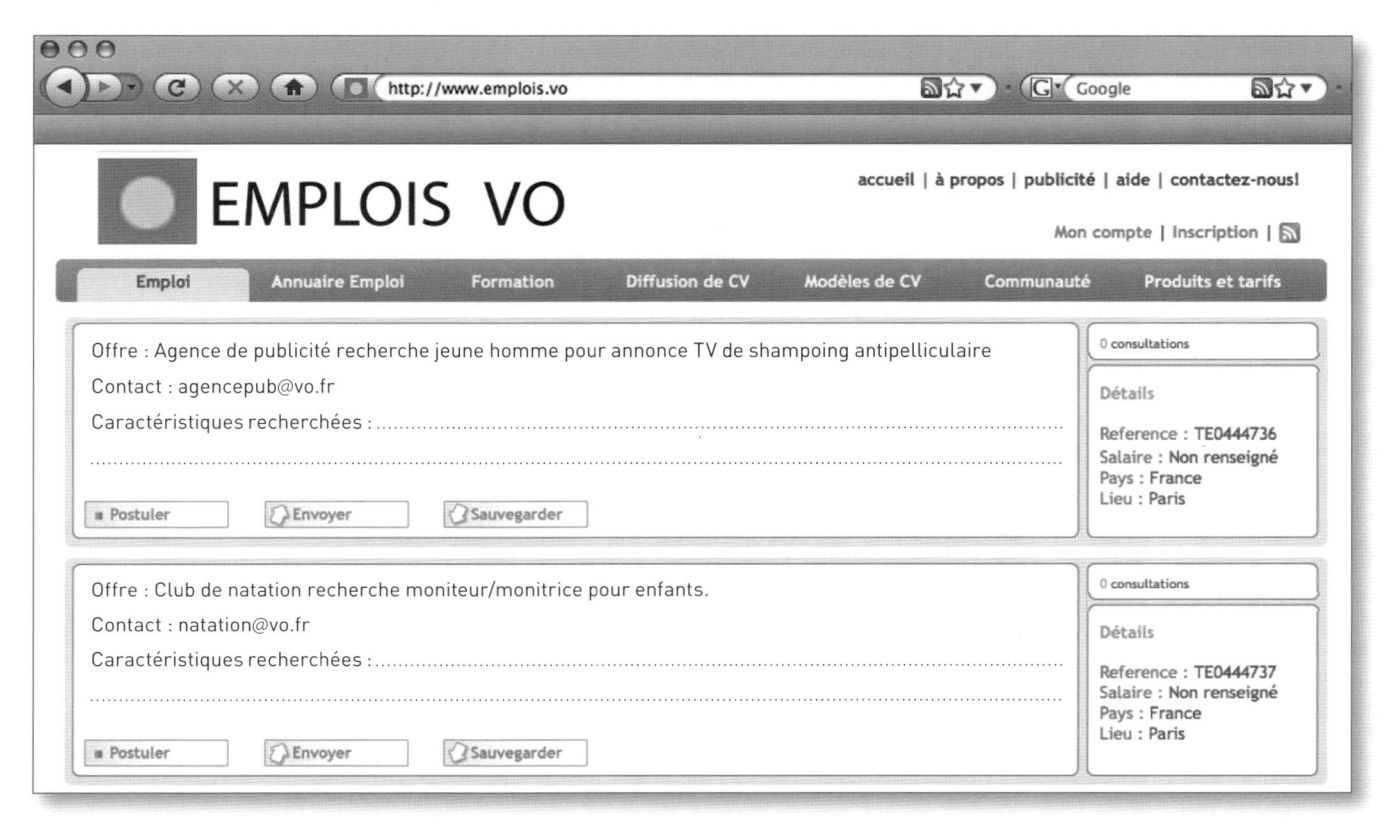

jeune	beau	sociable	petit	travailleur	grand	timide
sportif	responsable	sympathique	intelligent	aimable	autoritaire	dynamique
chevelu	sérieux	discret	musclé	paresseux	indépendant	jovial

http://www.emplois.vo

EMPLOIS VO

accueil | à propos | publicité | aide | contactez-nous!
Mon compte | Inscription

Emploi | Annuaire Emploi | Formation | Diffusion de CV | Modèles de CV | Communauté | Produits et tarifs

Offre : Agence de publicité recherche jeune homme pour annonce TV de shampoing antipelliculaire
Contact : agencepub@vo.fr
Caractéristiques recherchées : ....

0 consultations

Détails
Reference : TE0444736
Salaire : Non renseigné
Pays : France
Lieu : Paris

Postuler | Envoyer | Sauvegarder

Offre : Club de natation recherche moniteur/monitrice pour enfants.
Contact : natation@vo.fr
Caractéristiques recherchées : ....

0 consultations

Détails
Reference : TE0444737
Salaire : Non renseigné
Pays : France
Lieu : Paris

Postuler | Envoyer | Sauvegarder

8 | Activités

3. JOUONS AVEC LES ADVERBES

A. Que faites-vous souvent, toujours ou jamais dans la liste ci-dessous ? Mettez une croix dans la case correspondante. Ajoutez d'autres choses que vous faites souvent ou toujours ou que vous ne faites jamais.

	souvent	toujours	jamais
Faire les courses	☐	☐	☐
Faire des gâteaux	☐	☐	☐
Garder les enfants	☐	☐	☐
Conduire	☐	☐	☐
Lire la presse	☐	☐	☐
Promener le chien	☐	☐	☐
Bricoler	☐	☐	☐
....	☐	☐	☐
....	☐	☐	☐
....	☐	☐	☐

B. Maintenant, pensez à des personnes que vous connaissez et dites si elles font souvent / toujours / jamais, les actions de ce tableau.

Mon voisin bricole toujours le dimanche matin.

....
....
....
....
....
....
....

4. MOI, JE…

Imaginez ce que se disent ces deux jeunes filles qui se rencontrent pour la première fois pour faire un échange linguistique. Aidez-vous des amorces de phrase ci-dessous.

> Moi, je m'appelle…

> Et moi, je m'appelle…

> J'aime…   J'adore…   Je voudrais être…

Activités | 8

5. FLASH INFOS

A. Écoutez les trois informations d'un flash infos de Radio VO, et choisissez la page Internet qui correspond au flash.

Page 1 : www.flash_infos.vo
- Le chocolat noir a augmenté de 5 %
- Les chutes de neige empêchent toute circulation entre Nice et Menton
- Un chien a mordu James Nead à la main

Page 2 : www.flash_infos.vo
- Le chocolat noir va augmenter de 5 %
- Les chutes de neige ont empêché toute circulation entre Nice et Menton
- La vie de l'acteur James Nead est en danger

Page 3 : www.flash_infos.vo
- Le chocolat noir a augmenté de 5 %
- Les chutes de neige ont empêché toute circulation entre Nice et Menton
- Un énorme chien a mordu James Nead au visage

B. Développez un des trois titres du flash infos.

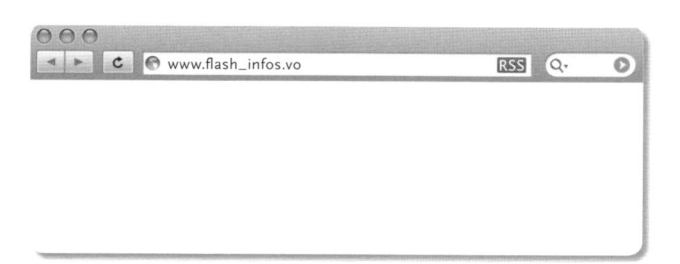

C. Rapportez sous forme d'un flash infos l'une des dernières infos de votre pays.

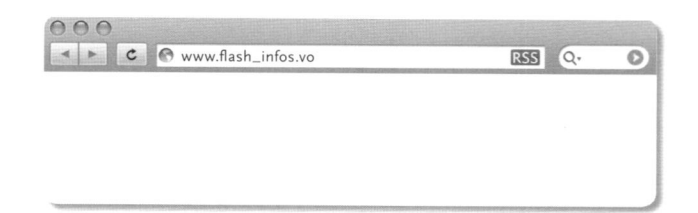

6. CONSTRUCTION

Complétez le tableau avec les infinitifs ou les participes passés qui manquent, puis faites une phrase au passé composé avec chaque verbe.

Infinitif	Participe passé	Passé composé
dormir	dormi	Hier dimanche, j'ai dormi longtemps
	reçu	
prendre		
	lu	
acheter		
	dit	
	fait	
continuer		
	mis	
revenir		
	né	
entrer		

8 | Activités

7. JEAN-PAUL GAULTIER, CRÉATEUR DE MODE

A. Lisez cette biographie de Jean-Paul Gaultier et complétez les phrases à l'aide des verbes ci-dessous.

| naître | apprendre | donner | réaliser | travailler | faire | être | devenir |

Jean-Paul Gaultier .... en 1952 à Bagneux et il .... très jeune la couture avec sa grand-mère. Puis, le film *Falbalas* de Jacques Becker lui .... envie de travailler dans la haute couture.
Jean-Paul Gaultier .... les costumes de nombreux spectacles et en 1985, il .... pour la chorégraphe Régine Chopinot.
Il .... les costumes des comédiens, acteurs et mannequins pour le ballet *Le Défilé*. Ce ballet .... très important dans l'histoire de la mode et de la danse.
En 2004, Jean-Paul Gaultier .... directeur du prêt-à-porter femme chez Hermès.

B. Écoutez le document audio pour vérifier vos réponses.

8. LES ÉTAPES D'UNE VIE

Racontez les principales étapes de la vie d'une personne que vous connaissez bien ou d'une personne que vous admirez. Vous pouvez vous aider des mots de l'encadré.

en
de… à
dans les années…
depuis
à
pendant

Activités | 8

9. LES LIAISONS

A. Cochez les formes verbales où vous entendez la liaison.

- [ ] nous ignorons
- [ ] nous savons
- [ ] il s'habille
- [ ] elles sont parties
- [ ] vous arrivez
- [ ] vous souriez
- [ ] ils oublient
- [ ] nous aimons
- [ ] ils usent
- [ ] on arrive
- [ ] ils ont
- [ ] ils sont

B. Complétez cette règle en entourant la forme en gras qui convient.

> On fait la liaison entre le pronom personnel et le verbe si le pronom personnel se termine par une **consonne** / **voyelle** et le verbe commence par une **consonne** / **voyelle**.

10. SAVOIR OU POUVOIR ?

A. Complétez ces phrases avec *savoir* ou *pouvoir*.

1. J'ai pris des cours de natation. Maintenant, ... nager.
2. Marie a peur des ascenseurs. Elle .... monter dedans !
3. La petite Alma apprend à écrire. Elle .... écrire son nom.
4. Samuel veut aller à la montagne avec ses amis mais il .... skier !
5. Nous sommes cinq et ma voiture .... prendre seulement quatre personnes.
6. Nous voulons partir en week-end mais .... laisser les enfants seuls à la maison.
7. Il .... retirer de l'argent s'il .... son code.
8. La nouvelle secrétaire .... parler cinq langues !
9. Nous sommes bien arrivés dans la ville mais .... encore où est l'hôtel.

B. Et vous ? Que pouvez-vous faire ? Que savez-vous faire ?

Moi, je sais ....

Moi, je peux ....

8 | Activités

11. DÉJÀ ?
Complétez les phrases avec les mots ci-dessous.

> pas encore   déjà   jamais

1. L'homme a .... marché sur la Lune, mais il n'est .... allé sur Mars.

2. L'homme a .... inventé la voiture qui parle, mais .... la voiture qui vole.

3. De nombreux navigateurs ont .... fait le tour du monde en solitaire.

4. À Paris, il y a .... beaucoup de vélibs à disposition, mais .... de voitures électriques.

12. LES MÉTIERS
Associez les profils et les métiers correspondants.

Profil	Métiers
Une personne qui aime aider les gens et travailler en équipe peut être ...	
	Cuisinier
Une personne créative et douée de ses mains peut être ...	
Une personne qui a le sens des affaires peut être...	
	Informaticien
Une personne qui parle plusieurs langues et qui aime voyager peut être	
Une personne qui aime les arts et la culture peut être...	

Lexique et médiation | 8

13. SIGLES ET ACRONYMES
À l'aide d'un moteur de recherche, découvrez le sens des mots (acronymes ou sigles) de la liste suivante puis placez-les dans les phrases ci-dessous.

| BD | DELF | ONG | RDV | RIB | SEL | SNCF | SVP | TVA |

1. Jean-Marie est parti en Somalie pour collaborer avec une .... qui forme des instituteurs dans les villages.
2. Samir a donné .... à Sophie devant la gare ....
3. À l'entrée de la salle d'enregistrement, il est écrit : « Silence, ... ! »
4. Pour partir étudier en France, Raquel doit absolument se présenter au ....
5. En France, les factures doivent toujours indiquer la ....

BLOC-NOTES

En français, on emploie fréquemment des formes raccourcies pour désigner des organismes, des expressions, etc. Ces formes peuvent être des sigles (S.N.C.F.) qu'on appelle parfois acronymes quand les lettres de chaque mot qui compose cette forme sont prononcées comme un seul mot : on ne dit pas R.I.B mais RIB [Rib].

14. ET DANS VOTRE LANGUE ?

A. Dans votre langue, employez-vous le passé composé comme en français ?

☐ oui   ☐ non

Si oui, les verbes s'emploient-ils avec les mêmes auxiliaires qu'en français ?

Il est né	☐ oui	☐ non
Il est rentré	☐ oui	☐ non
Il a lancé	☐ oui	☐ non

B. Traduisez les phrases suivantes.

Paul Bocuse est né dans une famille de cuisiniers.
....

À 16 ans, il est entré comme apprenti dans un restaurant de Lyon.
....

En 1987 il a lancé un concours mondial de cuisine.
....

8 | Connectez-vous !

15. DE BON CŒUR

A. À l'aide d'un moteur de recherche, connectez-vous sur le site de France Bénévolat et choisissez une ville de France où vous souhaitez réaliser ce bénévolat.

B. Recherchez un domaine d'action dans lequel vous aimeriez vous engager puis un type de mission.

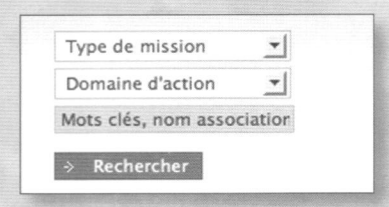

C. Choisissez une annonce parmi celles proposées et à laquelle vous aimeriez participer puis remplissez la fiche suivante.

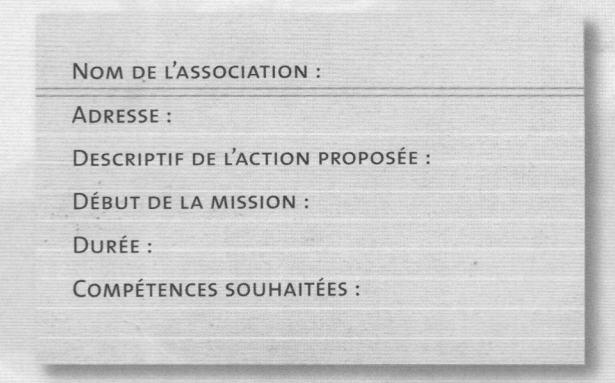

> Nom de l'association :
> Adresse :
> Descriptif de l'action proposée :
> Début de la mission :
> Durée :
> Compétences souhaitées :

D. Maintenant, présentez une association de bénévoles qui existe dans votre ville / pays.

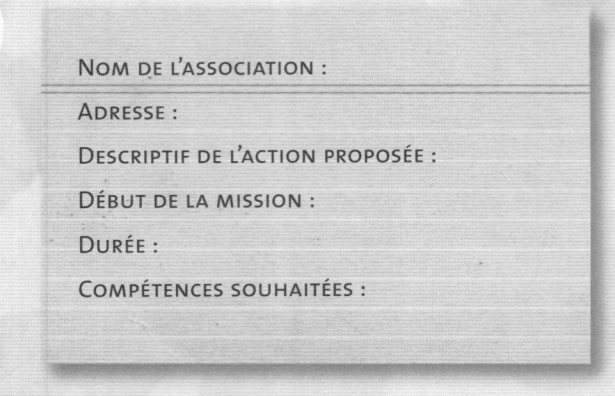

> Nom de l'association :
> Adresse :
> Descriptif de l'action proposée :
> Début de la mission :
> Durée :
> Compétences souhaitées :

Activités complémentaires en ligne sur versionoriginale.difusion.com

Annexes

- Culture
- Transcriptions des enregistrements

Culture

La francophonie au fil de l'eau

Le Rhin est l'un des trois grands fleuves qui traversent la Suisse, avec le Doubs et le Rhône. Le Rhône passe par la ville de Genève avant de continuer son cours en France pour se jeter dans la Méditerranée.
La Meuse est un autre fleuve de l'Europe francophone : elle traverse la Belgique et le Nord-Est de la France.
Plus au Sud, le fleuve Niger (voir photo) est certainement le plus grand fleuve de la francophonie. Son cours passe par la Guinée, le Mali, le Niger et le Bénin.
De l'autre côté de l'Atlantique, on trouve le fleuve Saint-Laurent au Québec, long de 1140 km.

> Et chez vous, quel sont les plus grands fleuves ? Présentez l'un d'eux.

Les papiers des Français

Savez-vous ce qu'un Français a normalement dans son sac ou son portefeuille ? Des papiers ! Associez chaque document à sa fonction.

- La carte d'identité
- La carte vitale
- La carte bleue
- Le permis de conduire

- Informe de la nationalité, des noms et prénoms, de la date de naissance et de l'adresse du titulaire.
- Certifie que le titulaire peut conduire un véhicule.
- Permet d'accéder à la couverture des dépenses de santé par la Sécurité sociale.
- Permet de réaliser des paiements.

Avez-vous un document semblable à la carte vitale ? En France, la carte vitale est la carte d'assurance maladie, elle est verte et elle comporte le nom, le prénom et le numéro de sécurité sociale de la personne.

> Cherchez maintenant pourquoi les Français parlent de carte « bleue », même si la carte est grise, verte ou *gold* !

Culture

La signalétique

Quand on se promène dans les rues d'une ville de France, on voit des panneaux avec des symboles qui signalent des informations utiles. Savez-vous ce qu'ils indiquent ?

1.
2.
3. SNCF
4.

- [ ] une gare
- [ ] une poste
- [ ] un bureau de tabac
- [ ] une maison de la presse

Certains de ces signes peuvent vous paraître curieux. Par exemple, saviez-vous que le signe du bureau de tabac représente une carotte ? On dit que la carotte sert à mieux conserver le tabac. C'est peut-être vrai mais le symbole de la carotte des enseignes de tous les bureaux de tabac de France vient de la forme de la botte dans laquelle les feuilles de tabac étaient vendues.

> Et dans votre pays, quels sont les signes pour indiquer la poste, la gare… ? Si un étranger veut acheter des timbres ou des tickets de bus, où va-t-il ? Y a-t-il des signes spécifiques ?

Les jeux de société

Avec leurs amis ou en famille, les Français aiment jouer à des « jeux de société ». Ils jouent au Monopoly, au Pictionnary, au Scrabble.
Ils jouent aussi aux cartes : la belote, le rami, le tarot…
Avec les enfants, ils jouent au « jeu de l'oie » et aux « petits chevaux ».
À l'école, les enfants jouent à la marelle ; ce jeu s'appelle le « pousse-pion » au Cameroun. En Côte d'Ivoire et au Niger, on joue à l'Awalé.
Ce jeu est très populaire en France aussi.

> Et chez vous, à quels jeux jouez-vous ?
> Certains jeux sont-ils les mêmes qu'en France ?

Culture

Les horaires

Cochez l'option correcte sur les horaires d'ouverture des services publics et des commerces en France.

Les marchés ont lieu	❑ le matin.	❑ l'après-midi.
Les supermarchés sont ouverts	❑ de 8h30 à 20h.	❑ de 10h à 22h.
Les petites boutiques sont ouvertes	❑ de 10h à 19h.	❑ de 10h à 12h30 et de 14h30 à 19h.
Les écoliers ont souvent classe	❑ du lundi au vendredi toute la journée.	❑ du lundi au vendredi sauf le mercredi.
On peut acheter du pain à partir de	❑ 7h.	❑ 8h.
Pour dîner au restaurant, on y va entre	❑ 19h30 et 21h30.	❑ 20h30 et 23h30.

Il n'y a pas d'horaires précis pour l'ouverture des magasins, mais en règle générale les boutiques indépendantes font une pause entre « midi et deux », les grandes surfaces ouvrent toute la journée. La particularité de l'école primaire est la journée libre du mercredi, donc certains parents ne travaillent pas ce jour-là pour garder leurs enfants.

Et chez vous, quels sont les horaires des commerces ?

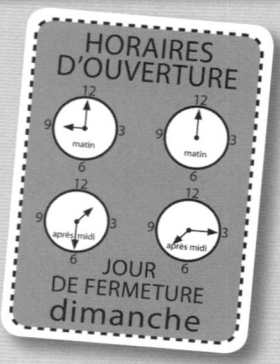

Le mot juste ?

Si on vous présente cette liste de course en France, que devez-vous acheter ? Reliez.

du sopalin •   • un stylo
des kleenex •   • du papier essuie-tout
un bic noir •   • des mouchoirs
du scotch •   • du ruban adhésif

Il est courant en français d'utiliser le nom de marque d'un produit pour le désigner.
Ainsi, vous entendez parler de « frigo » (*Frigidaire* : marque déposée) au lieu de réfrigérateur.
Les mots *bic*, *frigidaire*, *kleenex* et *scotch* sont dans le dictionnaire.

Et dans votre langue, quels noms de marque utilisez-vous pour désigner des objets d'usage courant ?

Culture

À table

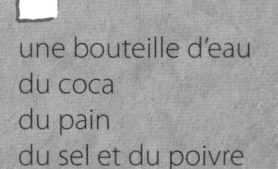

Au restaurant en France, il y a toujours sur la table :

☐
de l'eau gazeuse
du vin
du pain
du sel et du poivre
de la moutarde

☐
une bouteille d'eau
du coca
du pain
du sel et du poivre
du ketchup

☐
une carafe d'eau
du pain
du sel et du poivre
de la moutarde

Au restaurant, le sel, le poivre et la moutarde sont sur toutes les tables. Quand vous êtes assis, le serveur apporte la carte, une corbeille de pain et une carafe d'eau et c'est gratuit ! Si vous voulez de l'eau minérale, il faut la commander et la payer. Le pain accompagne tous les repas. Pour manger rapidement, les Français commandent le « plat du jour ». On peut aussi choisir une « formule » : plat du jour + dessert + café ou entrée + plat du jour + café.

CAF, EDF... c'est quoi ?

En France, dans une conversation courante, vous pouvez entendre dans une phrase des mots étranges formés d'une suite de lettres. Par exemple, pour voyager en France, on prend le TGV et pour trouver une chambre d'étudiant on va au CROUS.

Alors, que veulent dire ces petits mots ?

- EDF •   • Caisse d'allocations familiales
- CAF •   • Train à grande vitesse
- TGV •   • Institut universitaire de technologie
- IUT •   • Centre régional des œuvres universitaires et scolaires
- CROUS •   • Électricité de France

Ces mots sont très courants et il y en a des nouveaux chaque fois qu'un nouvel organisme se crée. Attention ! La prononciation n'est pas toujours la même : vous prononcez chaque lettre pour E.D.F., I.U.T. et T.G.V. , mais vous prononcez comme un mot CAF et CROUS. En fait, TGV peut s'écrire *tégévé*. Parfois un sigle peut même se transformer en substantif ! On appelle une personne qui appartient à la C.G.T. (un syndicat), *un cégétiste*.

Et dans votre langue, faites-vous la même chose ? Pouvez-vous donner des exemples et donner leur signification ?

soixante-treize | 73

Transcriptions des enregistrements

UNITÉ 1

Piste 1 - Activité 2B

1.
- Bonjour Messieurs-dames !
- Bonjour ! Il vous reste de la place pour quatre personnes ?
- C'est pour manger ou pour boire ?
- Pour manger.
- Il reste cette table-là.

2.
- Bonsoir Madame ! Je peux vous aider ?
- Bonsoir Mademoiselle. Oui, je cherche un parfum pour homme.
- Oui. Ils sont ici. Celui-ci est nouveau. Il sent très bon, très masculin.
- Mmm ! C'est vrai, mais mon mari est difficile…
- Ils sont tous difficiles, Madame…

3.
- Bonjour Monsieur !
- Bonjour Madame ! J'ai une réservation pour le vol Bruxelles-Toronto.
- Oui, votre passeport, s'il vous plaît.
- Tenez, le voici.
- Merci !

Piste 2 - Activité 6A

1. Le train TGV n°6634 à destination de Lyon partira avec cinq minutes de retard voie E.

2. Vous êtes sur la boîte vocale du zéro six un un quatre cinq quatre cinq quatre sept. Veuillez laisser votre message !

3. Vive les soldes ! Nous rappelons à notre aimable clientèle que le magasin offre 20 % de réduction sur tous les articles marqués !

4. Et voici les numéros gagnants du tirage du loto de ce soir : 6 - 16 - 22 - 35 - 38 et le 41 !

Piste 3 - Activité 7

Dernier appel pour le vol à destination de Rome, porte 4A, embarquement immédiat !

Promotion exceptionnelle de 25 % sur les appareils photos !

Le train numéro 3600 à destination de Marseille est annoncé avec un retard de 10 minutes.

Bordeaux bat Nîmes 3 à 1 !

Piste 4 - Activité 8A

1
- Eurolangues, bonjour !
- Bonjour Madame, je voudrais m'inscrire au cours de français A1 du mardi soir. Est-ce qu'il reste de la place ?
- Oui Monsieur ! Votre nom s'il vous plaît ?
- Marco Nobile.
- Vous pouvez l'épeler ?
- Marco Nobile, N-O-B-I-L-E.
- Très bien. Votre adresse s'il vous plaît ?
- 2 rue de Savoie, à Paris.
- Bien, et votre numéro de téléphone ?
- 0 6 71 24 97 73.
- Vous avez une adresse e-mail ?
- Oui, c'est nobile6 arobase gmail point com.
- Très bien, Monsieur. À mardi alors !
- Merci, à mardi !

Piste 5 - Activité 8A

2.
- Bonjour, je voudrais m'inscrire à un cours de français B1.
- Bonjour Madame, asseyez-vous, s'il vous plaît. Je vais prendre vos coordonnées. Alors d'abord, votre nom ?
- Je m'appelle Lidia Costa.
- Comment ça s'écrit ?
- Lidia Costa, C-O-S-T-A.
- Merci. Votre adresse s'il vous plaît ?
- 15 rue de Metz, à Paris.
- Très bien. Votre numéro de téléphone ?
- 01 20 48 33 51.
- Merci. Vous avez un e-mail ?
- Oui, costal arobase web point es.

Piste 6 - Activité 14A

douze	euro
Louise	trois
toi	vidéo
chaud	eau
numéro	croissant
métro	

UNITÉ 2

Piste 7 - Activité 1

A. 12 + 4 =
B. 69 − 13 =
C. 4 + 18 =
D. 100 + 10 =
E. 75 − 15 =
F. 83 + 9 =
G. 43 − 7 =
H. 16 + 41 =
I. 57 + 32 =

Transcriptions des enregistrements

Piste 8 - Activité 2

1. Nombre à trouver : 92.
   Chiffres : 5 – 2 – 4 – 10
   Quatre plus cinq égale neuf ; neuf fois dix égale quatre-vingt-dix ! Quatre-vingt-dix plus deux égale quatre-vingt-douze. Le compte est bon !

2. Nombre à trouver : 51.
   Chiffres : 2 - 5 - 5 - 6 - 9 – 7

3. Nombre à trouver : 77.
   Chiffres : 3 - 10 - 8 - 4 - 1 – 1

Piste 9 - Activité 3

1.
- Librairie Le Livre jaune, bonjour !
- Bonjour Madame, je vous appelle pour passer une commande pour mon école.
- Ah, d'accord.
- Alors, je voudrais 30 exemplaires du *Petit Prince*, 15 du *Petit Nicolas* et 2 de *Dany Laferrière*, « L'énigme du retour ».
- Très bien, alors je vous prépare la commande pour demain.
- Ah très bien, merci. Au revoir !

2.
- Boulangerie Banite bonjour !
- Oui, bonjour Monsieur, restaurant Musset. J'aimerais commander 30 pains pour samedi.
- D'accord, je note…
- Avec ça, 15 tartes fraises et 40 petits fours salés.
- Parfait, c'est noté. Vous m'envoyez un fax dans la journée pour confirmer ?
- D'accord Monsieur. Au revoir !
- Au revoir !

Piste 10 - Activité 5

- Bonjour, aujourd'hui nous sommes à Agen pour le jeu des 2000 euros ! Notre premier candidat est…
- Bonjour, je m'appelle Luc. Je travaille dans la restauration.
- Très bien, et vous avez quel âge ?
- J'ai 28 ans.
- Merci beaucoup, notre deuxième candidat, ou plutôt candidate aujourd'hui est…
- Bonjour, je m'appelle Valérie, j'ai 35 ans.
- Bonjour Valérie, et qu'est-ce-que vous faites dans la vie ?
- Je suis professeur.
- Merci et notre dernière candidate s'appelle ?
- Sylviane. Bonjour.
- Bienvenue Sylviane. Et qu'est ce que vous faites dans la vie ?
- Je suis étudiante. J'ai 19 ans.
- Très bien, nous allons commencer maintenant…

Piste 11 - Activité 9

1.
- Tu sais, Étienne travaille dans les affaires maintenant.
- Ah oui, qu'est-ce qu'il fait ?
- Il est banquier.

2.
- Aujourd'hui, j'ai 40 ans !
- On va fêter ça, alors !

3.
- Il est dans quelle branche, Marc ?
- Dans la mode.

4.
- Tu sais pourquoi elle apprend le français ?
- Parce qu'elle a un copain français, non ?

5.
- Vous avez votre passeport, madame ?
- Oui, tenez.

6.
- Ils sont suisses ou belges, ces étudiants ?
- Belges, je crois.

Piste 12 - Activité 14C

1. Bonjour. Eh bien moi, je porte secours aux personnes… J'éteins les incendies…

2. Je dois faire attention à ne pas mélanger des produits dangereux… sinon, boum !

3. Moi, je suis la spécialiste des chiffres… Les analyses, les résultats, tout ça, c'est mon truc.

4. On dit qu'on a beaucoup de vacances, mais on oublie la préparation des cours, les examens, etc. Et puis, ce n'est pas toujours facile en classe.

UNITÉ 3

Piste 13 - Activité 7

J'habite une petite maison dans un village du sud de la France. Il y a une petite place avec des arbres. C'est agréable. Mais l'été, il y a vraiment beaucoup de touristes ! Et puis, il n'y a pas assez de commerces pour tout ce monde… Il y a seulement un café, une boulangerie, une boucherie et une épicerie. Si on veut aller au cinéma ou au restaurant, on doit aller dans la ville d'à côté. En été, un autre problème, c'est les voitures ! Tous les touristes viennent en voiture. Trop, c'est trop !! Ça pollue et c'est bruyant !!! Si les touristes veulent rester dormir dans le village, ils n'ont pas beaucoup d'options : il y a seulement deux petits hôtels, mais c'est déjà ça !

Transcriptions des enregistrements

Piste 14 - Activité 8

cinéma
le
quartier
école
église
piétonne
musée
supermarché
les
appartement
boulangerie

Piste 15 - Activité 9

1. le restaurant
2. les magasins
3. la ville
4. le métro
5. les musées
6. les fleuves
7. le téléphérique
8. les rues
9. la campagne
10. le parc
11. le quartier
12. le cinéma

Piste 16 - Activité 10B

Nous, on est là. C'est la place de l'Hôtel de Ville. La mairie est au fond de la place, côté rue des Frères-Martin. Devant la mairie, il y a, sur la même place, un parking. En face du parking, juste à côté de la bijouterie, il y a une papeterie.
En face de la bijouterie, au coin de la rue du Port et de la rue de Brest, il y a la poste. Entre la poste et le restaurant mexicain, il y a une boucherie.
Derrière la mairie, il y a une librairie et un restaurant indien. Il est juste au coin de la rue des Frères-Martin et la rue des Écoles. En face de ce restaurant, il y a un grand bâtiment, c'est le lycée. Et à côté du lycée, il y une boulangerie et, au coin de la rue, il y a une pharmacie. Ah, si tu veux retirer de l'argent, il y a une banque en face, au coin de la rue du Marché.

UNITÉ 4

Piste 17 - Activité 1A

1.
Salut, j'ai 24 ans et j'habite à Berlin. J'étudie médecine et j'adore visiter les musées. J'aime aller à la montagne et me reposer avec un bon livre. J'apprends le français depuis deux ans.

2.
Bonjour ! Je vis à Marseille et je travaille dans l'informatique. J'ai 29 ans et je suis très sportif. Je fais beaucoup de snowboard et je nage tous les jours avant d'aller travailler.

Piste 18 - Activité 2B

● Bonjour Mademoiselle ! Je fais un petit sondage sur les goûts des jeunes. Je peux vous demander quel est votre loisir préféré ?
○ Bonjour. Euh… mon loisir préféré… ben, j'adore aller au cinéma.
● D'accord. Et votre acteur préféré ?
○ Pfff, y en a beaucoup… Johnny Depp.
● Ah, je vois… et côté musique, votre chanteuse préférée ?
○ Ma chanteuse préférée ? C'est Diam's.
● Ah oui ? J'aime beaucoup aussi ! Vous connaissez son dernier album ?

Piste 19 - Activité 6

A. Le jazz, c'est génial !
B. Si j'aime le sport ? Oh non… pas du tout !
C. Le bricolage ? Oui, mais très peu !
D. Ah la danse… je me rappelle mes soirées tango à Buenos Aires…
E. Non, je n'ai pas la télé ! C'est stupide et je préfère sortir !
F. J'ai vraiment de la chance de pouvoir faire le travail que je veux depuis toujours !

Piste 20 - Activité 7

1.
● Quelle est votre activité préférée ?
○ Alors moi, j'adore rester à la terrasse d'un café et discuter pendant des heures avec mes amies.

2.
● Quelle est votre activité préférée ?
○ Hum, j'en ai beaucoup, mais je crois que ce que je préfère, c'est aller voir un bon film avec mon petit ami.

3.
● Quelle est votre activité préférée ?
○ Je fais beaucoup de sport. Comme j'ai beaucoup d'énergie, ça me relaxe. D'ailleurs, je vous laisse car je dois aller nager…

4.
● Quelle est votre activité préférée ?
○ Bah, vous savez, moi, je ne fais pas grand chose… un bon livre et un thé et ça me va très bien.

5.
● Quelle est votre activité préférée ?
○ Avec mes potes on a monté un groupe de rock-jazz-fusion. Je suis le bassiste !

Piste 21 - Activité 8A

Pour vous présenter, répondez aux questions et prenez des notes. Comment vous vous appelez ?
Quel âge avez-vous ?
Et vous habitez où ?
D'accord, et que faites-vous dans la vie ?
Vous jouez d'un instrument de musique ?
Et quelle est votre passion ?
Vous parlez quelle langue ?
Enfin, le week-end, qu'aimez-vous faire en général ?

Transcriptions des enregistrements

Piste 22 - Activité 9

1.
● Ça vous fait 12 €, s'il vous plaît.
○ Tenez !
● Vous n'avez pas 2 € ?
○ Attendez, je regarde…

Piste 23

2.
● Chris, attends-moi !
○ Eh toi là-bas ! Faut pas courir sur le bord de la piscine !
● Oui, oui !
○ J't'ai dit de ne pas courir sur le bord de la piscine !!!

Piste 24

3.
● Bonjour Madame, vos papiers, s'il vous plaît !
○ Tout de suite, Monsieur l'agent. Ils sont dans mon sac.

Piste 25

4.
Le temps sera beau et chaud toute la journée au sud de la Loire. Les pluies reviendront dans l'après-midi dans le nord et il ne fera pas bon sortir sans les pulls à Paris…

Piste 26

5.
Le train TER de 9 heures 33 partira avec 5 minutes de retard, quai 2, voie E. Le train desservira les gares de Toulouse-Matabiau, Montauban et Carcassonne.

Piste 27

6.
Tomates, tomates ! Les dernières tomates… pas à 4 € ! pas à 3 € ! Mais à 2 € seulement le kilo !

UNITÉ 5

Piste 28 - Activité 3

Après le journal de 13h, vous allez pouvoir passer un après-midi sportif avec du tennis sur la deuxième chaîne à partir de 14h et, sur la 6, du rugby à partir de 16h30. Si vous n'aimez pas le sport, vous pouvez toujours suivre sur la 3 la suite de la série *Au soleil d'été*, à 14h30. Juste après, ne manquez pas le rendez-vous avec Albert Lamaison qui recevra de 16h à 19h, ses invités. Aujourd'hui, l'invité spécial sera Francis Cabrel. Ce soir, après le journal de 20h, nous vous proposons la soirée spéciale *Tous contre la maladie*, une émission à ne pas rater sur la 4 à partir de 20h45. Finalement, les amoureux du cinéma vont pouvoir voir ou revoir *Un dimanche à la campagne* à minuit.

Piste 29 - Activité 5A

1. Le matin, avant d'arriver au bureau, je prends un café.
2. Demain matin, je dois prendre la voiture pour aller au bureau.
3. Ce soir, je dîne chez des amis.
4. Le lundi, Steve va au cours de français.
5. Lundi, ma sœur va chez le dentiste.
6. J'achète des croissants tous les dimanches et je prépare un grand petit déjeuner.
7. On va prendre un verre après le cours.
8. Le professeur relit ses notes avant les cours.

Piste 30 - Activité 6A

● Alors Julie, qu'est-ce que tu fais ce week-end ?
○ Ben samedi, je pars à la campagne chez mes grands-parents. Je rentre dimanche dans l'après-midi. Je serai libre le soir. Et toi ?
● Ah, dimanche, je dois réviser pour la fac. J'ai un exam de français lundi. Et mardi ?
○ Eh non, mardi, je dois partir à Londres pour le travail. Je rentrerai très tard. Mercredi matin, je suis au bureau et l'après-midi j'ai un rendez-vous de travail. Le soir, je suis libre.
● Mercredi après-midi, je vais à la piscine. Je n'ai rien le soir. Et jeudi, tu fais quoi ?
○ Bureau toute la journée et le soir je vois Géraldine. On va au cinéma.
● Ah, sympa ! Et vendredi je pars à la montagne, une semaine.
○ Donc pour cette semaine, on peut se retrouver…

Piste 31 - Activité 8A

1.
● Tu viens au cinéma, ce soir ?
○ Je ne sais pas. C'est à quelle heure le film ?
● À 7h25.

2.
● Je dois y aller. J'ai une lettre à poster.
○ Ah ! Mais tu as le temps, la poste ferme à cinq heures et il est quatre heures pile.

3.
● Mademoiselle, je veux voir les chefs de secteur dans l'après-midi, s'il vous plaît.
○ À quelle heure, Monsieur ?
● À trois heures, dans la grande salle.

4.
● À quelle heure part le train ?
○ À six heures quinze demain matin.

5.
Allô… Bonjour Madame… Je voudrais connaître les nouveaux tarifs de la piscine… 2,50 d'accord, et elle ouvre à quelle heure ? … à neuf heures trente tous les jours ?… C'est parfait… Je vous remercie, au revoir.

6.
- ● Tu viens me chercher après le cours ?
- ○ Oui, à quelle heure ça finit ?
- ● À sept heures.

Piste 32 - Activité 9A

A. Je prends toujours le train. Il y a parfois des problèmes techniques, mais en général, ça dure 40 minutes. Comme ça, je peux encore dormir un peu.

B. Je préfère la voiture, mais c'est vrai que ce n'est pas l'idéal, ni pour la nature ni pour ma santé. Je passe une heure par jour à m'énerver au volant.

C. Je vais toujours au bureau en bus. 20 minutes, ça me laisse le temps pour lire et écouter mes podcasts.

Piste 33 - Activité 11A

- ● Déjà, je ne prends pas de petit déjeuner. Je préfère dormir plus longtemps.

- ○ Pas moi ! Je fais un grand petit déjeuner tous les matins. Mon père est allemand et, à la maison, c'est un moment très important.

- ◆ Moi, tu vois, Emmanuelle, ça dépend. Mais en général, c'est un café et basta. Je préfère prendre un croissant avec mes amis à la cafétéria plus tard. Et puis je ne peux pas rester longtemps à la maison. J'ai cours tous les matins. Alors je pars vite. Et toi Alix ?

- ● Moi aussi. Je dois vite aller à la fac car tous mes cours commencent tôt le matin.

- ○ Moi, j'ai de la chance. Comme j'ai cours tôt le matin seulement deux fois dans la semaine, je vais toujours à la piscine avant d'aller travailler à la bibliothèque.

- ● Moi, je n'ai pas le temps pour faire du sport. C'est pas toujours facile car le soir je travaille dans un bar pour gagner un peu d'argent. Je rentre après 10 heures le soir, du mercredi au samedi. Du coup je me couche seulement vers minuit.

- ○ Je sors avec des amis le soir une ou deux fois par semaine. Mais c'est tout. On rentre tard bien sûr. Mais ce n'est pas une habitude chez moi.

- ◆ Moi, pas du tout. C'est vrai que le matin j'ai du mal à me lever, mais dès que c'est mercredi, je sors le soir jusqu'à très tard. Et ce jusqu'au samedi soir. Mais tous les dimanches matins en fait, je vais faire du vélo avec mon père, c'est dur, mais ça fait du bien.

UNITÉ 6

Piste 34 - Activité 2

Saint-Tropez a contribué à la renommée de la Côte d'Azur. Ce village de pêcheurs, au bord de la Méditerranée, à cent kilomètres de Nice, est devenu une capitale touristique internationale, un mythe. C'est aujourd'hui un des lieux préférés de séjour et de détente de la jet-set internationale avec Kate Moss, Brad Pitt et Angelina Jolie…
Saint-Tropez est devenu Saint-Trop' dès 1950, quand l'écrivaine Françoise Sagan, Pablo Picasso, le poète Jacques Prévert et beaucoup d'autres se croisaient sur le port.
Le mythe s'est accentué avec l'arrivée de l'actrice Brigitte Bardot dans les années 60.
À Saint-Tropez, tout est célèbre : la plage de Pampelonne, la place des Lices où ont lieu des parties de pétanque, la place aux Herbes où se trouve le marché provençal, la brasserie Sénéquier sur le port, où on peut aussi acheter le poisson aux pêcheurs directement et enfin le musée de l'Annonciade pour sa collection de tableaux impressionnistes. Saint-Tropez est célèbre aussi pour ses « tropéziennes », nom de sandales en cuir mais aussi d'un gâteau.

Piste 35 - Activité 5

- ● Bonjour, je peux vous poser quelques questions sur vos goûts vestimentaires et la mode ?
- ○ Euh oui, bien sûr.
  Alors, pour vous, quel est le pays de la mode ?
- ○ Hum, je dirais l'Italie… Et la France. Ah et le Japon aussi ! Mais bon, la mode vous savez, moi…
- ● Alors justement, quels sont vos vêtements préférés ?
- ○ Eh bien, plutôt des vêtements d'été, une robe… par exemple blanche, en lin.
- ● D'accord. Et quels sont vos critères pour acheter vos vêtements ? Le prix ? Les couleurs ?
- ○ D'abord, le prix et le style aussi… Je ne sais pas, voilà…
- ● Et à quelle occasion vous faites particulièrement attention à vos vêtements ?
- ○ (rires) Quand j'ai un rendez-vous… galant. (rires)
- ● Ah d'accord ! Et au niveau des couleurs, quelles sont celles qui vous plaisent le plus ?
- ○ Au niveau des vêtements ? Eh bien, le rose, le bleu et le blanc. Non, en fait, pas le bleu, pas vraiment. Ouais, le rose et le blanc.
- ● D'accord, en général, quels sont vos goûts en matière de parfums ?
- ○ Hum… plutôt fruités… C'est difficile à dire en fait.

Piste 36 - Activité 8A

1. affreux / affreuse
2. super / super
3. blanc / blanche
4. bancaire / bancaire
5. long / longue
6. court / courte
7. timide / timide
8. français / française

Transcriptions des enregistrements

Piste 37 - Activité 9A

- Bonjour Monsieur ! Je peux vous aider ?
- Bonjour ! Je voudrais voir les chemises de la vitrine, s'il vous plaît.
- Lesquelles ? Celles à manches courtes ?
- Non, je préfère celles à manches longues. Elles sont bien à 35 euros aussi ?
- Oui, tout à fait. Suivez-moi. Donc voilà, ici, vous avez les chemises à manches longues unies ou à petites rayures.
- Et à fleurs ? Vous n'avez pas à fleurs ?
- Non, seulement pour les femmes…
- Bon… Alors je vais essayer la chemise rayée blanche et rose.
- Très bien. Quelle est votre taille ?
- Je fais du 42.
- Tenez ! Les cabines sont au fond à droite.
- (…)
- Alors ? Elle vous va bien ?
- Très bien merci, je vais la prendre… Est-ce que je peux faire un chèque ?
- Oui, tout à fait monsieur.
- Voilà.
- C'est parfait. Merci beaucoup, Monsieur. Au revoir et bonne journée !
- Merci, au revoir !

Piste 38 - Activité 11

Karl Lagerfeld est né à Hambourg le 10 septembre 1938. Il arrive en France en 1952 et devient directeur artistique chez Jean Patou en 1959. Il travaille en France, en Allemagne et au Japon. En 1983, il entre chez Chanel à la direction du style. Il dessine aussi les collections de la maison italienne Fendi et il est le premier à signer une collection pour la marque H&M. Karl Lagerfeld est couturier et créateur de costumes pour l'opéra (la Scala de Milan), la danse (les ballets de Monte-Carlo) et le cinéma (les films d'Almodovar). Mais il est aussi photographe. En 2004, il dessine deux timbres de la Saint-Valentin des roses en forme de cœur pour la Poste française. En 2008, il fait une publicité avec la Sécurité routière française : il porte un gilet d'urgence jaune sur son costume et le slogan est : « C'est jaune, c'est moche, ça ne va avec rien, mais ça peut vous sauver la vie ».

UNITÉ 7

Piste 39 - Activité 3

Pourquoi et depuis quand les Français mangent-ils des crêpes ? Ils mangent toutes sortes de crêpes depuis très longtemps… mais la crêpe la plus connue est la crêpe Suzette. C'est un cuisinier du Café de Paris à Monte-Carlo, Auguste Escoffier, qui invente la « crêpe Suzette », pour le prince de Galles, futur Edouard VII. La crêpe est préparée avec du beurre fondu, mélangé avec du sucre, du Grand Marnier, de l'orange et du citron. Le nom de cette crêpe est à l'honneur de l'actrice française Suzanne Reichenber, Suzanne, Suzette. Cette crêpe connaît un grand succès dans le monde entier et certains restaurants gastronomiques la proposent toujours en dessert.

Piste 40 - Activité 8A

Alors, il faut du pain, des cornichons, du thon, du romarin, des oignons, du raisin, des melons, des concombres, des mangues, du camembert, du parmesan, de la viande et du jambon. Ah et puis, du vin !

UNITÉ 8

Piste 41 - Activité 5A

Voici les nouvelles du jour en bref.

D'abord, une mauvaise nouvelle pour tous les gourmands ! En cette période de Noël, le prix du chocolat noir a augmenté de 5 %. Mais les ventes n'ont pas ralenti, car les vrais amateurs de chocolat noir ne mangent pas de chocolat au lait ! Et à Noël, on se fait plaisir !
Ce matin, entre Nice et Menton, de fortes chutes de neige ont empêché toute circulation et les automobilistes ont patienté pendant deux heures dans leur voiture. Le service d'urgence a servi du thé, du café et du chocolat chaud. L'autoroute est maintenant ouverte en direction de l'Italie.

Et enfin, hier la gare de Cannes a connu une véritable panique ! Quand l'acteur américain James Nead est descendu du TGV, un énorme chien en liberté lui a sauté dessus et l'a mordu au visage. L'acteur est toujours à l'hôpital, mais ses jours ne sont pas en danger.

Prochain flash infos à 9 heures.

Piste 42 - Activité 7B

Jean-Paul Gaultier est né en 1952 à Bagneux et il a appris très jeune la couture avec sa grand-mère. Puis, le film *Falbalas* de Jacques Becker lui a donné envie de travailler dans la haute-couture.
Jean-Paul Gaultier a réalisé les costumes de nombreux spectacles et, en 1985, il a travaillé pour la chorégraphe Régine Chopinot. Il a fait les costumes des comédiens, acteurs et mannequins pour le ballet *Le Défilé*. Ce ballet a été très important dans l'histoire de la mode et de la danse. En 2004, Jean-Paul Gaultier est devenu directeur du prêt-à-porter femme chez Hermès.

Piste 43 - Activité 9A

nous ignorons	nous aimons
elles sont parties	ils ont
ils oublient	il s'habille
on arrive	vous souriez
nous savons	ils usent
vous arrivez	ils sont

Version Originale • Méthode de Français
Cahier d'exercices • Niveau 1

Auteurs
Michaël Magne et Marie-Laure Lions-Olivieri

Révision pédagogique
Philippe Liria

Coordination éditoriale
Gema Ballesteros

Rédaction
Gema Ballesteros et Lucile Lacan

Correction
Sarah Billecocq

Documentation
Camille Bauer et Gema Ballesteros

Enregistrements
Coordination : Camille Bauer et Gema Ballesteros

Conception graphique et couverture
Besada+Cukar

Mise en page
Oscar García Ortega et Luis Luján

Illustrations
Roger Zanni

© Photographies, images et textes.
Couverture Lyuba Dimitrova LADA film, García Ortega, Céline/flickr, Office du tourisme du Québec, Mircea Ostoia/flickr, Andy Wright/flickr, Alex De Carvalho/flickr ; **Unité 1** p. 6 García Ortega, designalldone/Fotolia.com, Sharlene Jackson/sxc.hu, Arkady Chubykin/istockphoto.com, Kay Pa/sxc.hu ; p. 8 danielnabil.com/sxc.hu, Kriss Szkurlatowski/sxc.hu, Ivan Prole/sxc.hu (www.proledesign.com), Zentilia/Dreamstime.com, cs333/Fotolia.com, Michal Zacharzewski/sxc.hu, García Ortega ; p. 10 Salvatore Freni/flickr, García Ortega, Filtran Colin/flickr, Philipp Capper/flickr ; p. 12 Organisation Internationale de la Francophonie ; **Unité 3** p. 21 Stephane A. Gustin/flickr, Thierry/flickr ; p. 22 Kriss Szkurlatowski/sxc.hu, García Ortega, Ilandrea/fotolia.com, Dariusz Rompa/sxc.hu, Emre Nacigil/sxc.hu, Vera Berard/sxc.hu ; p. 23 MPW57, Lunavorax/flickr, Geoff Livingston/flickr, Jerzy Kociatkiewicz/flickr, Eray/Fotolia.com, Robleh Ali/flickr ; p. 24 Miro Penev/sxc.hu (www.byalapanorama.com), Bjearwicke/sxc.hu, JamesCalvin Wright/sxc.hu, Engindeniz/sxc.hu, Gerard 79 /sxc.hu ; **Unité 4** p. 29 Mark Aplet/Fotolia.com, Coka/Fotolia.com, grekopict/Fotolia.com, García Ortega ; p. 30 Gennadiy Poznyakov/Fotolia.com, Martin Valigursky/Fotolia.com, Martina Berg/Fotolia.com ; p. 33 Barbara Ceruti, Lyuba Dimitrova LADA film, García Ortega, Pzurek/Dreamstime.com, Iofoto/Dreamstime.com ; **Unité 5** p. 37 Jonathan Werner/sxc.hu, Josep Altarriba/sxc.hu, Michal Zacharzewski/sxc.hu, Virgile Olivieri, p. 39 Eray/Fotolia.com ; **Unité 6** p. 45 Cenorman/Dreamstime.com ; p. 46 Sébastien Garcia/Fotolia.com ; p. 48 Lyuba Dimitrova LADA film ; **Unité 7** p. 53 Thomas Faivre-Duboz/flickr, savagecat/flickr, kongroove/sxc.hu, Lyuba Dimitrova LADA film, edward w/sxc.hu, Danielle Bonardelle/Fotolia.com ; **Unité 8** p. 62 Lyuba Dimitrova LADA film ; p. 63 Hannah Chapman/sxc.hu, Mateusz Stachowski/sxc.hu, andrea016/sxc.hu ; **Culture** p. 70 Annabel Symington/flickr ; p. 71 Dominique VERNIER/Fotolia.com, Christophe Libert/sxc.hu ; p. 72 David Lat/sxc.hu ; p. 73 arkos arkoulis/sxc.
N.B : Toutes les photographies provenant de www.flickr.com, sont soumises à une licence de Creative Commons (Paternité 2.0 et 3.0)

Tous les textes et documents de cet ouvrage ont fait l'objet d'une autorisation préalable de reproduction. Malgré nos efforts, il nous a été impossible de trouver les ayants droit de certaines œuvres. Leurs droits sont réservés à Difusión, S. L. Nous vous remercions de bien vouloir nous signaler toute erreur ou omission ; nous y remédierions dans la prochaine édition.
Les sites Internet référencés peuvent avoir fait l'objet de changement. Notre maison d'édition décline toute responsabilité concernant d'éventuels changements. En aucun cas, nous ne pourrons être tenus pour responsables des contenus de liens vers des tiers à partir des sites indiqués.

© Les auteurs et Difusión, Centre de Recherche et de Publications de Langues, S.L., Barcelone, 2010
ISBN 978-85-61635-87-9
Imprimé en Brésil par Imprensa da Fé
1re édition: Octobre 2010
Toute forme de reproduction, distribution, communication publique et transformation de cet ouvrage est interdite sans l'autorisation des titulaires des droits de propriété intellectuelle. Le non-respect de ces droits peut constituer un délit contre la propriété intellectuelle (art. 270 et suivants du Code pénal espagnol).

difusión
Français Langue Étrangère
C/ Trafalgar, 10, entlo. 1a
08010 Barcelone (Espagne)
Tél. (+34) 93 268 03 00
Fax (+34) 93 310 33 40
fle@difusion.com
www.difusion.com

Editions maison des langues
22, rue de Savoie
75006 Paris (France)
Tél. / Fax (+33) 01 46 33 85 59
info@emdl.fr
www.emdl.fr

Martins Fontes
Av. Dr. Arnaldo, 2076
01255-000 São Paulo SP
Tel.: (+55) 11 3116.0000
info@martinseditora.com.br
www.martinsmartinsfontes.com.br